JN222649

Q&A 弁護士のための相続税務 **70**

税理士法人チェスター
CST法律事務所　編

中央経済社

はじめに

　2023年（令和5年）の死亡者数は157万人であり（厚生労働省人口動態統計），2040年に167万人でピークを迎えるといわれています（国立社会保障・人口問題研究所予測）。

　相続が発生すると，最近では8人に1人，東京都では4人に1人の割合で，相続税の申告書が提出されています（国税庁・東京国税局記者発表資料「令和4年分相続税の申告事績の概要」）。また，遺産分割に関する調停件数は，増加傾向にあり，かつ，その8割において遺産総額が5,000万円以下と，財産規模が大きくないところでの争いが多くなっているといえます。

　これらのことから，今や「大相続（争族）時代」を迎えているといえるでしょう。高齢化によって，相続税の課税対象となる推定被相続人が増加すると，遺言書の作成をはじめ遺産分割や遺留分侵害額請求に関する相談や依頼が増加します。これらの法律行為は大きな金額が動き，その法律行為の結果により生じる税負担も大きな金額になります。

　相続が開始した場合の課税関係は，民法をはじめとする民事法と相続税法や租税特別措置法などの租税法が複雑に絡み合う部分もあり，事実認定，法の当てはめの的確性が求められるほか，じ後の税務調査に入られた時の課税リスクも考慮するなどの備えが必要です。判例，裁判例や裁決事例なども参照した上，判断しなければならない場面も多々あると思料します。

　本書は，弁護士が相続に関する業務を行うに当たり，税理士の立場から是非知っておいていただきたい項目について，簡潔にまとめたものです。各項目とも事例形式とし，その事例において発生すると見込まれる問題点等も取り上げながら，解説しています。

　本書が相続問題を扱う弁護士及びその関係者の方々のお力になれば幸甚です。

令和6年11月吉日

税理士法人チェスター

執筆者代表　前山静夫

目　次

凡　例

国税通則法	通法
所得税法	所法
所得税法施行令	所令
所得税法施行規則	所規
相続税法	相法
相続税法施行令	相令
法人税法	法法
消費税法	消法
消費税法施行令	消令
地方税法	地税法
租税特別措置法	措法
租税特別措置法施行令	措令
租税特別措置法施行規則	措規
相続等により取得した土地所有権の国庫への帰属に関する法律	相続土地国庫帰属法
所得税基本通達	所基通
相続税法基本通達	相基通
財産評価基本通達	評基通
消費税法基本通達	消基通
租税特別措置法関係通達	措通

裁判例等略称

最判	最高裁判所判決
高判	高等裁判所判決
地判	地方裁判所判決
民集	最高裁判所民事判例集
集民	最高裁判所裁判集民事
大民録	大審院民事判決録
高民	高等裁判所民事判例集
税資	税務訴訟資料
訟月	訟務月報
裁集	裁決事例集
判タ	判例タイムズ
金判	金融・商事判例

本書は，令和 6 年 4 月 1 日現在の法令，通達によっています。

本書の構成

　本書は，相続に関わる弁護士，司法書士及び行政書士などの専門家を対象とし，それぞれの顧客からの相続税に関する相談について，Q&A方式で説明する解説書です。民法と相続税法との考え方の相違点，相続税法特有の留意点など，相続税に関する頻出事項を章単位に，幅広いテーマをカバーしています。第1章から第5章は相続税の基礎知識から申告・納税に至るまでの項目，第6章は贈与税の基礎知識，第7章から第10章は遺言・遺産分割から主な財産の評価方法，第11章は相続に関連する所得税課税，第12章は近年の相続税法の改正事項，第13章は税務調査対応について，それぞれ解説しています。

　「**Q**（問）」は，弁護士等が顧客から受けた相談，弁護士自身の相談（**Q66，67**）を弁護士から税理士に問う形式で記述しています。そして，その問に対する「**A**（答）」は，税理士が弁護士等に代わり直接顧客に，又は弁護士に対して回答を行う形式で記述しています。

　また，「**解説**」は，税理士が弁護士等に解説する形式とし，民法等と税法の相違点，関係条項の記載のほか，具体的なケースや裁判例・裁決事例も織り込み，取扱いを誤った場合のリスクや，複雑な問題に対する対応策などを可能な限り織り込んでいます。

第1章

相続税の基礎知識

1　相続の開始

Q　私の兄は遠方で一人暮らしをしていました。連絡が取れなくなった
ため，近くに住む親戚に様子を見に行ってもらったところ，亡くなってい
たことが判明しました。死後，日数が経過していたため，兄本人か否かを
確認するため，警察による検死やDNA鑑定を行う旨の連絡がありました。
この場合，相続税の申告期限の起算日となる「相続の開始があったことを
知った日」はどの時点を指すのでしょうか。

A　相続税の申告期限は，「相続の開始があったことを知った日」の翌日か
ら10か月以内とされています（相法27①）。あなたの場合，警察のDNA鑑定が
行われるとのことですので，その鑑定結果により，亡くなった方があなたのお
兄様と確定した日が相続の開始があったことを知った日となります。

　また，相続税の申告の際に行う相続財産の評価は，原則として被相続人が亡
くなった日の時価で行います。したがって，相続人に相続税の申告義務がある
と判断される場合は，「相続の開始があったことを知った日」のほか，戸籍法
上の「相続の開始日」を確認しなければなりません。

解説··

　「亡くなった日」は，戸籍謄本に記載された日にちに基づき判定します。

　単身高齢者の増加とともに，誰からも看取られることなく息を引き取り，そ
の後，相当期間放置されるような「孤独死」の事例が度々報道されています。
孤独死は，亡くなってから期間が経過しているケースも多く，亡くなった日の
特定ができず，戸籍上一定の期間内に亡くなった旨の記載がされる場合もあり
ます。

(1) 相続の開始

　現行民法では，死亡を唯一の相続開始原因としています。人の死亡には，自然死のほか，脳死，生死不明の者に対して法律上死亡したものとみなす失踪宣告（民法30）や災害などを原因とする認定死亡（戸籍法89）があります。

　人が死亡したときは，原則として，戸籍法の定める届出義務者（戸籍法87）が，死亡の事実を知った日から7日以内[1]に死亡の届出をしなければならないとされています（戸籍法86①）。また，死亡の届出には，死亡の年月日時分及び場所などを記載し，診断書又は検案書を添付しなければならないとされています（戸籍法86②）。

(2) 相続の開始と相続税の関係

① 相続税の申告期限

　相続税の申告期限は，「相続の開始があったことを知った日」の翌日から10か月以内です。そして，「相続の開始があったことを知った日」とは，自己のために相続の開始があったことを知った日をいいます（相基通27-4）。通常，相続人は被相続人の死亡の日に連絡を受けることになると思いますので，「亡くなった日」が「相続の開始があったことを知った日」となることが一般的です。

　なお，相続人以外の人が遺贈によって財産を取得した場合には，「相続の開始があったことを知った日」は，「自己のためにその遺贈のあったことを知った日」とされる（相基通27-4(8)）など，一般的に「亡くなった日」とされる「相続の開始があったことを知った日」と「自己のためにその遺贈のあったことを知った日」が相違することがあります（相基通27-4）。この場合，申告期限に影響しますので，適正な判断を要します。

② 相続財産の評価との関係

　相続税申告を行う場合の相続財産の評価は，原則として相続開始日の時価と

1　国外で死亡があったときは，その事実を知った日から3か月以内です。

なります。被相続人が病院で亡くなった場合は,「死亡診断書」が発行されますが,孤独死の場合や事件性がある場合などは,医師による死因や死後経過時間の判断を経て「死体検案書」が発行されます。「死亡診断書」又は「死体検案書」とともに「死亡届」を自治体に提出すると,戸籍謄本に亡くなった日が記載されますから,その記載された日にちに基づき相続開始日を判断します。

なお,孤独死などの場合には,「○月○日から○月○日までの間」といったように一定の期間を定めて死亡の記載がされることがあります。この場合の相続開始日は,その時期の終期と考えることが一般的です。

③ その他の相続手続との関係

民法上の相続放棄や限定承認を行う場合,原則として「自己のために相続の開始があったことを知った日」から起算して3か月以内に行わなければなりません。この期間を過ぎると,相続人は単純承認したものとみなされますから,債務超過が確実と見込まれる場合には,この期間内に相続放棄を行う旨のアドバイスが必要といえます。

(3) 本事例における相続の開始があったことを知った日等

本事例の場合は,相談者が兄のDNA鑑定結果について警察から連絡を受けた日が,「相続の開始があったことを知った日」となります。また,相続財産の評価時点は,兄の相続開始日ですから,戸籍謄本を確認し,「○月○日から○月○日までの間」といったような記載がある場合には,その最終日を相続開始日とします。

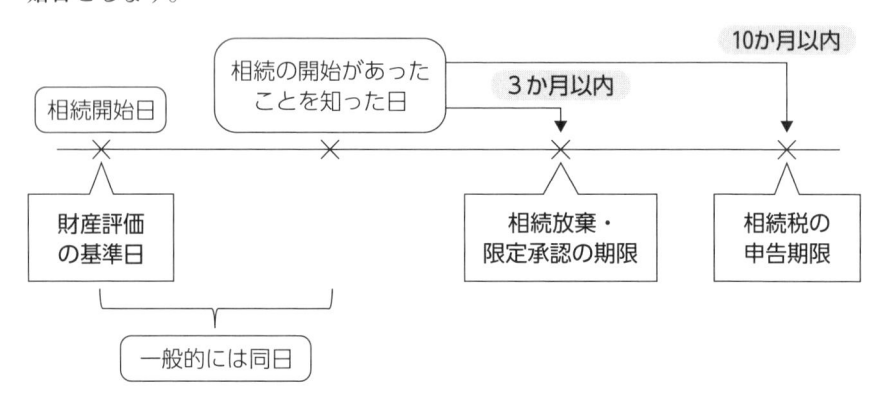

2　相続人の範囲

> **Q**　先月，夫が亡くなりました。私と夫の間には子供がおらず，夫の両親も既に亡くなっています。また，夫には弟と妹がいます。私と義弟，義妹の3人で分割協議を行えばよろしいですか。

A　基本的な考え方は間違いありませんが，相続人を確定するには，亡くなった方の出生時から死亡時までの戸籍を取得し，確認する必要があります。あなたの場合，旦那様の戸籍に加え，旦那様のご両親の戸籍も出生時から取得して，ご兄弟が義弟様と義妹様のみで間違いないか確認しなければなりません。

解説 ……………………………………………………………………

(1)　相続人の範囲

　相続人は民法で定められており，その範囲は配偶者と一定の血族とされています。配偶者は必ず相続人となります（民法890）が，血族については相続人になる順位があります。前の順位の相続人がいる場合には次の順位の血族は相続人にならないため，その順位に従って相続人の判断を行います（民法887,889）。

① 第1順位：被相続人の子

　子のうち，非嫡出子は，母との関係においては，出産の事実により生まれた時から親子関係が生じますが，父については，生まれた時点では親子関係が生じません。そのため，法的に親子関係を生じさせるためには，父が認知をする必要があり，認知により嫡出子の身分を取得します（民法789①②）。

② 第2順位：被相続人の直系尊属（親や祖父母など）

　第1順位の相続人がいない場合には，第2順位である直系尊属が相続人とな

ります。祖父母が相続人になるケースは，両親ともに既に亡くなっている場合で，祖父母が健在のときです。父母のうちどちらか1人でも健在の場合には，祖父母が相続人になることはありません。

③　**第3順位：被相続人の兄弟姉妹**

　戸籍を遡って確認した結果，父母の一方のみを同一とする兄弟姉妹がいた場合のその兄弟姉妹を半血兄弟姉妹といいます。半血兄弟姉妹についても，相続人になることは間違いありませんが，相続分は父母の両方を同一とする兄弟姉妹の半分とされています。半血兄弟姉妹については，その存在自体を相続人が知らないケースも珍しくありません。

　なお，同順位に複数の血族がいる場合には，その全員が相続人となります。

④　**代襲相続**

　子及び兄弟姉妹については，被相続人の相続開始前に死亡している場合，その子が相続人となります（民法887②，889②）。

⑤　**法律婚と事実婚**

　配偶者については，婚姻関係がある場合に相続人となります。そのため，相続開始時において夫婦同然の共同生活を送っていたとしても，婚姻届を提出していない事実婚の場合には，そのパートナーは相続人となることができません（後記**37**(4)参照）。

　一方，婚姻届を提出している夫婦は，相続開始時において別居している夫婦や離婚調停中の夫婦であっても，法的な婚姻関係がある限り，その配偶者は相続人となります。

(2)　準拠法と相続税法上の法定相続人の数

　相続税法上の法定相続人の数については，「民法第5編第2章（相続人）の規定による相続人の数」とされています（相法15②）。仮に，被相続人が外国籍である等の理由により準拠法が日本法でなかったとしても，日本の民法に基づいてその相続人の数を計算することとなります。

⑶　相続人の確認方法

　本事例の相談者のように，これまで付き合いのある親族や夫から聞いている兄弟姉妹の範囲で相続人を把握しているケースがあります。しかし，その範囲で遺産分割協議を行い，協議が成立したとしても，他に相続人がいた場合には，遺産分割協議は無効となり，初めからやり直しになってしまいます。そのため，相続の相談を受けた場合には，まず相続人を確定することから始めます。

　相続人は，亡くなっている方の戸籍を遡ることで確認します。出生から亡くなるまでの戸籍を遡ることで，認識している相続人で間違いないか確認していきます。その過程で過去に認知した子がいることが判明したり，父母の一方を別にする兄弟姉妹の存在が判明するケースもあります。

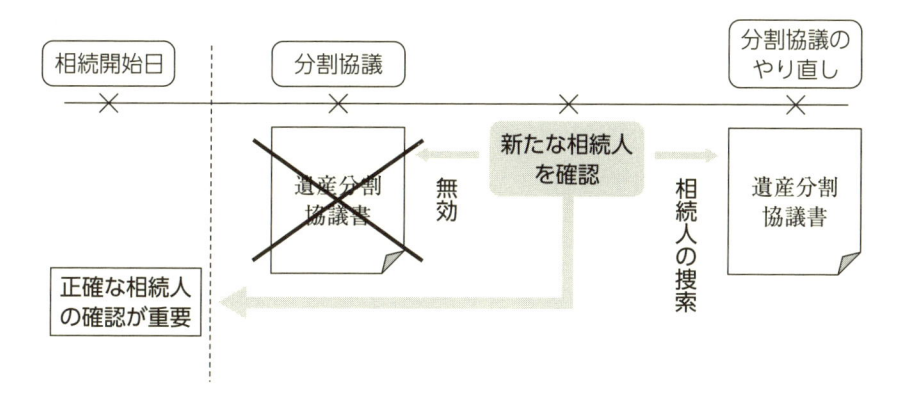

⑷　相続人と連絡が取れない場合

　相続人の中に行方不明者がいる場合には，遺産分割協議を成立させることができず，法定相続分での遺産共有状態が続くこととなります。また，相続税の申告上は未分割申告となり，小規模宅地等の特例（後記**19**参照）や配偶者に対する相続税額の軽減（後記**20**参照）などが使用できず，高額な相続税の納税が必要になる可能性もあります。

　戸籍上，相続人の存在が確認された場合で，捜索しても連絡が取れないときは，家庭裁判所に不在者財産管理人選任の申立て（民法25①）や失踪宣告の申

立て（民法30①）をすることができますので，これらの手続の検討も要します。

　なお，失踪宣告の手続を行い，家庭裁判所により失踪宣告が宣言され，その相続人が被相続人より先に死亡したとみなされた場合，相続税の計算上，その相続人は基礎控除額の計算における相続人の数に算入できないことから，小規模宅地等の特例や配偶者に対する相続税額の軽減を適用しない場合は，あえて，これらの手続を行わず，未分割で申告することも考えられます。

(5)　各相続人の相続分

　配偶者の相続分は，一緒に相続人となる人の順位に応じて決まりますが，その相続分は以下のとおりです。

一緒に相続人となる相続人	配偶者の相続分
第1順位の相続人（(1)①）	1／2
第2順位の相続人（(1)②）	2／3
第3順位の相続人（(1)③）	3／4

　血族の相続分は，配偶者の相続分を除いた残りとなり，血族の相続人が複数いる場合には，その人数で頭割りします。例えば，配偶者の他に子が3人いる場合の子の相続分は，1／2×1／3で各1／6ずつとなります。

(6)　戸籍謄本等の広域交付

　本籍地以外の市区町村の窓口においても戸籍証明書及び除籍証明書を請求することができます（令和6年3月1日から[2]）。これにより，本籍地が遠方にある場合であっても，住所地や勤務先の最寄りの市区町村窓口で請求できるほか，必要とする戸籍の本籍地が全国各地にあっても，1か所の市区町村の窓口でまとめて請求することができます[3]。

2　戸籍法の一部を改正する法律（令和元年法律第17号）
3　コンピュータ化されていない一部の戸籍・除籍を除きます。また，一部事項証明書，個人事項証明書は請求できません（法務省ホームページ）。

3　相続放棄・廃除と代襲相続

> **Q**　母が亡くなりました。父は既に亡くなっていて，私が唯一の相続人です。私も高齢のため，相続放棄をして，私の息子に相続権を譲ろうと思っています。

A　親の相続が開始した時点で，相続人である子が既に亡くなっている場合には，その子（直系卑属）が被代襲者に代わって同順位の相続人となります。これを「代襲相続」といいます（民法887②，891）。この取扱いは，被代襲者である子が相続開始以前に亡くなっている場合，相続人の欠格事由に該当する場合及び廃除により相続権を失っている場合に限定されています。

　そのため，あなたが相続放棄を行ったとしても，その相続権があなたの息子さんに移ることはありません。

解説〰〰〰〰〰〰〰〰〰〰〰〰〰〰〰〰〰〰〰〰〰〰〰〰〰〰〰〰〰〰〰〰〰

(1)　相続放棄

　相続人は，相続が開始したことを知った日から原則3か月以内に家庭裁判所で相続放棄の申述を行う（民法938）ことで，その相続を放棄することができます（民法915）。この手続を有効に行った場合には，放棄者は初めから相続人でなかったものとみなされ，被相続人の権利義務を承継しないことができます。

　血族である相続人の1人が相続放棄を行った場合，その相続権は同順位の相続人，同順位の相続人がいない場合には次順位の相続人へ移ることになります。

(2)　相続欠格・相続人の廃除

　相続欠格や相続人の廃除は，相続秩序を侵害するような行為を行った相続人

の相続権をはく奪する制度です。

相続欠格事由は，被相続人や先順位の相続人を故意に死亡するに至らせ，刑に処された場合や，被相続人が殺害されたことを知って，これを告発・告訴しなかった場合，遺言書を偽造等した場合など，五つの事由が規定されています（民法891）。

相続人の廃除とは，遺留分を有する推定相続人（配偶者，子などの直系卑属，直系尊属）からの虐待や重大な侮辱，著しい非行があった場合に，被相続人の意思に基づいて相続権をはく奪できる制度です（民法892）。遺留分を有する推定相続人に限定されている理由は，それ以外の相続人は遺言によって相続分をなしとすることで相続権を奪うことができるためです。

(3) 代襲相続

第1順位の相続人である直系卑属が，被相続人の死亡以前に既に亡くなっている場合や上記(2)により相続権を失った場合には，その直系卑属の子が相続権を代襲します（民法887②）。なお，直系卑属の場合，代襲者が被相続人の死亡以前に亡くなっているときには，何代でも代襲して相続人となります（民法887③）。

また，第3順位の相続人である兄弟姉妹についても同様に代襲相続の規定があります。ただし，兄弟姉妹の場合の代襲相続は，一代限りとなります（民法889②）。

代襲相続の要件は，相続人が被相続人の死亡以前に亡くなっている場合，相続欠格又は相続廃除により相続権を失った場合に限定されています。そのため，被代襲者が相続放棄を行っても代襲者に相続権が移ることはありません。

本事例の場合，相談者が相続放棄をすると，第2順位，第3順位の相続人もいなければ，相続人は誰もいなくなり，相続財産は利害関係者の裁判所への選任申立てによる相続財産清算人に引き継がれ，管理・清算されることになります（民法952①他）。

(4)　相続税法上の相続人の考え方

相続税法上では，相続放棄があった場合において特有の取扱いがあります。

> **別事例**　被相続人には配偶者及び子がおらず，母は相続放棄をすることとした。
> なお，被相続人には弟と妹がいる。

①　民法上の相続人

配偶者と第1順位の子がいないため，第2順位の母が相続人となりますが，相続放棄を行ったため，相続権は第3順位の弟・妹に移ることとなります。

②　相続税法上の相続人

イ　原　則

上記①の民法上の相続人と同様の者が相続人となります。

ロ　相続税計算上の相続人

相続税法では，相続放棄を行うことにより，相続人の数を増やす（上の別事例の場合，母1人から弟・妹の2人に増やす）ことで，意図的に相続税を減少させることができないようにするため，以下の規定を適用する際の相続人は，その放棄がなかったものとした場合における相続人とされています。

> (イ)　基礎控除額を計算する際の相続人（相法15②）
> (ロ)　相続税の総額を計算する際の相続人（相法16）
> (ハ)　生命保険金等や死亡退職金の非課税限度額を計算する際の相続人（相法12①
> 　　五イ，六イ）

上の別事例で当てはめて考えてみます。

母が相続放棄を行ったことにより，民法上の相続人は弟と妹になりますが，相続税法上，母1人が相続人であるものとして，上記の各規定を適用します。

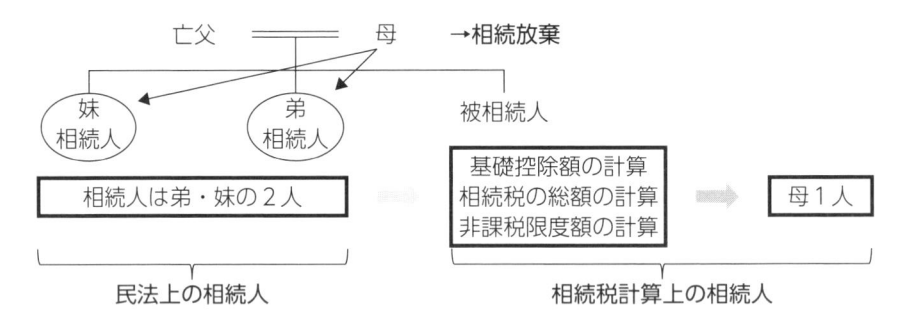

【基礎控除額】

　3,000万円＋600万円×1人（母）＝3,600万円

【相続税の総額】

　課税遺産総額×1／1（相続人が母1人とした場合の法定相続分）×税率

【非課税限度額】

　500万円×1人（母）＝500万円

⑸　相続人の欠格事由又は廃除により相続権を失っている場合の代襲相続

　相続人が，相続人の欠格事由又は廃除により相続権を失ったときは，その人の子が代襲して相続人となります（民法887②）[4]。

　したがって，代襲相続人となった子が複数人いる場合には，基礎控除額の計算において，その子の人数によって計算することとなります。また，代襲相続人には，相続税額の2割加算の規定（後記**4**(3)②参照）は適用されません。

4　被相続人の直系卑属でない人を除きます。

4　養子縁組

> **Q**　私の身内は既に嫁いだ長女1人だけです。代々の財産を守っていくために，娘の長男と次男を養子に迎えようと考えています。

A　ご長女のお子様を養子にすることで，お孫様への相続が可能となり，財産を守るという目的は達成できると思料します。また，ご長女のお子様を養子に迎えることで相続税の節税が可能なケースもあります。ただし，この場合，親族間の人間関係にも影響しますので，事前に話し合いの場を設けるなどして，軋轢が残らないよう対応することが肝要といえます。

解説··

(1)　養子縁組の効力

　養子縁組を行った場合，養子は縁組の日から養親の嫡出子の身分を取得することとされています（民法809）。養親の相続が開始した場合，養子は第1順位の相続人となりますから，遺産分割協議へ参加し，財産を引き継ぐことができます。

　孫を養子にすることで，一代飛ばして財産を相続させることができるため，将来の子の相続も含めて考えると節税になるケースも考えられます。

(2)　養子の子の代襲相続権

　養子縁組を行った子が，養親の相続開始前に亡くなっていた場合，その養子の子は代襲相続人になり得るのでしょうか。

　養子は縁組の日から養親の嫡出子の身分を取得することとなるのは前述のとおりです。つまり，縁組前には養親との血族関係はありません。そのため，そ

の養子の子が縁組前に生まれていた場合は，養子の子には，養親との血族関係は生じず，養親の直系卑属に当たりませんので，代襲相続人になることはできません（民法887②但書）。これに対して，縁組後に養子に子が生まれた場合には，養親と養子に血族関係が生じてから生まれた子になるため，代襲相続人となることができます。

　したがって，養子が既に亡くなっている場合で，その養子に子がいる場合には，養子縁組の日と養子の子の出生日を確認した上で，相続人の範囲を判断します。

　なお，やや例外的な事例ですが，被相続人が実子（A）の配偶者（B）と養子縁組し，その時点で既にAとBの間に子（被相続人の孫。C）が出生していた場合において，被相続人の相続開始前にBが死亡した事例を考えます。この場合，Cは，被相続人とBの養子縁組前に出生した子であるため，Bを代襲相続しないかのようにも思えます。しかし，Cは，Aの子として被相続人の直系卑属であるため，CはBの代襲相続人となると解されています[5]。

(3)　相続税計算上の留意点

①　法定相続人の数への算入制限

　相続税を計算する上では，基礎控除額の計算など，相続人の人数が重要となる規定（前記**3**(4)②参照）があります。これらの規定を適用する上では，相続税法上の相続人が誰か，その相続人の人数は何人かを考える必要があります。

　この人数を考えるに当たり，養子縁組を行うことで，意図的に相続税を減少させることを防ぐため，法定相続人の数へ算入できる養子の数については一定の制限がされています。

　イ　被相続人に実子がいる場合で，養子縁組を行う

　このケースでは，複数人と養子縁組を行った場合でも，法定相続人の数に算入できる養子の数は１人だけとされています（相法15②一）。

　ロ　被相続人に実子がいない場合で，養子縁組を行う

　このケースでは，複数人と養子縁組を行った場合，法定相続人の数に算入で

5　大阪高判平成元年８月10日（高民42巻２号287頁）

きる養子の数は2人までとされています（相法15②二）。

　法定相続人の数に算入する養子の数を判断する場合に大切になるのが，「実子」の考え方です。この実子についても特殊な取扱いがあるため，留意する必要があります（相法15③）。

【実子とみなす人】
⑴　特別養子縁組により被相続人の養子となった人や被相続人の配偶者の実子で被相続人の養子となった人など
⑵　被相続人の直系卑属である代襲相続人

　なお，この取扱いは，あくまでも相続税法上の法定相続人の数を考える上でのものです。仮に実子がいる場合で，複数人と養子縁組を行ったとしても，上記⑴のとおり，そのすべての養子が養親の嫡出子であり，民法上の相続人になることに変わりはありません。

②　相続税額の2割加算

　相続税法では，被相続人の配偶者及び一親等の法定血族以外の人については，算出された相続税額の2割に相当する金額を加算することとされています（相法18）。

　養子は養親の嫡出子の身分を取得しますので，一親等の法定血族となります。そのため，原則としてこの規定の適用はありません。

　ただし，孫養子については，その孫が代襲して相続人となっている場合を除き，相続税額の2割加算の対象者となるため，孫を養子にする場合には注意を要します。

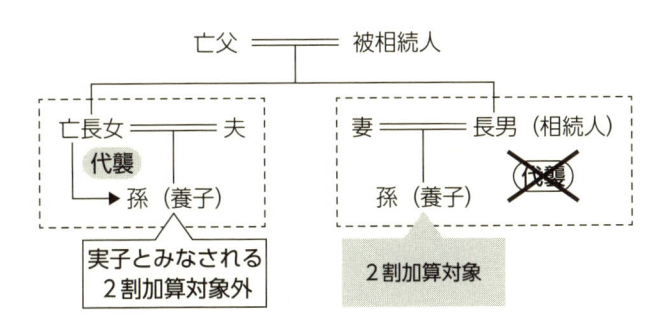

5 制限納税義務者

> **Q** 父が亡くなりました。相続人は，私と妹ですが，妹は10年前からアメリカに移住し市民権を得ています。日本に居住していない妹も，日本の相続税の申告が必要でしょうか。

A 被相続人の国籍及び住所地，相続人の国籍及び住所地，相続する財産の所在地により，相続税の納税義務は異なります。妹様がアメリカに移住し市民権を得ている場合であっても，お父様の住所地の状況や財産の所在地によっては，日本で相続税の申告が必要となる可能性があります。

解説･･･

(1) 相続税の納税義務者

相続税の納税義務者は，無制限納税義務者と制限納税義務者とに大きく区分されます。無制限納税義務者に該当する人については，全世界の財産に対し日本の相続税が課され，一方，制限納税義務者に該当する人については，日本国内の財産に対してのみ日本の相続税が課されます。

納税義務者の区分については，次の表のとおりです。

相続人受遺者 被相続人	国内に住所あり ①一時居住者（在留資格があり15年以内で国内住所が10年以下）	国内に住所なし 日本国籍あり 10年以内に国内に住所あり	国内に住所なし 日本国籍あり 10年以内に国内に住所なし	国内に住所なし 日本国籍なし
国内に住所あり	居住無制限納税義務者	非居住無制限納税義務者	非居住無制限納税義務者	非居住無制限納税義務者
②外国人被相続人 在留資格あり	居住無制限納税義務者	非居住無制限納税義務者	非居住無制限納税義務者	非居住無制限納税義務者
国内に住所なし 10年以内に国内に住所あり	居住無制限納税義務者	非居住無制限納税義務者	非居住無制限納税義務者	非居住無制限納税義務者
③非居住被相続人 日本国籍を有していない	居住制限納税義務者	非居住無制限納税義務者	非居住制限納税義務者	非居住制限納税義務者
③非居住被相続人 10年以内に国内に住所なし	居住制限納税義務者	非居住無制限納税義務者	非居住制限納税義務者	非居住制限納税義務者

① 「一時居住者」とは，相続開始時において在留資格で一定のものを有する人であって，その相続開始前15年以内において日本に住所を有していた期間の合計が10年以下であるものをいいます（相法1の3③一）。ここで，在留資格で一定のものとは，出入国管理及び難民認定法別表第一の資格をいいます（下記②も同じ）。

② 「外国人被相続人」とは，相続開始時において在留資格で一定のものを有し，かつ，日本に住所を有していた被相続人をいいます（相法1の3③二）。

③ 「非居住被相続人」とは，相続開始時において日本に住所を有していなかった被相続人であって，その相続開始前10年以内のいずれかの時において日本に住所を有していたことがあるもののうちそのいずれの時においても日本国籍を有していなかったもの，又はその相続開始前10年以内のいずれの時においても日本に住所を有していたことがないものをいいます（相法1の3③三）。

　相続税の納税義務者のうち，制限納税義務者に該当する場合には，日本の相続税の課税対象となるのは，日本国内に所在する財産に限られ，国外の財産については，日本の相続税の課税対象とはなりません。したがって，遺産の分け方を考える際には，制限納税義務者が国外財産を取得するような分け方とすることにより，日本の相続税を少なく抑えることが可能です。

⑵　財産の所在

　主な財産の所在の判定については，次のとおりです（相法10）[6]（後記**10**参照）。ただし，日米相続税条約では，一部異なる取扱いがあるため，留意が必要です。

⑶　外国国籍の取得と日本国籍の喪失

　納税義務者の区分の判定に当たり，国籍はその要素の一つです。外国国籍の取得と日本国籍の喪失については，国籍法により，日本国民は，自己の志望によって外国の国籍を取得したときは，日本の国籍を失い（国籍法11①），外国の国籍を有する日本国民は，その外国の法令によりその国の国籍を選択したときは，日本の国籍を失う（国籍法11②）と定められています。

　なお，納税義務者の区分に当たっては，日本国籍と外国国籍とを併有する重国籍である場合には，日本国籍を有する人として判定します（相基通１の３・１の４共－７）。

⑷　小規模宅地等の特例の適用

　小規模宅地等の特例のうち，被相続人の居住の用に供されていた宅地等については，被相続人に配偶者がおらず，また，同居親族もいない場合には，いわゆる「家なき子」が取得することにより，適用が可能です（後記**19**⑶③参照）。この「家なき子」は海外に居住している相続人も対象になりますが，その要件の一つに，「居住制限納税義務者又は非居住制限納税義務者のうち日本国籍を有しない者ではないこと」というものがあります（措規23の２④）。そのため，

6　国税庁タックスアンサー№4138「相続人が外国に居住しているとき」抜粋

財産の種類	所在の判定
動　産	その動産の所在。
不動産又は不動産の上に存する権利 船舶又は航空機	その不動産の所在。 船籍又は航空機の登録をした機関の所在。
預金，貯金，積金又は寄託金で次に 掲げるもの ①　銀行，無尽会社又は株式会社商 　　工組合中央金庫に対する預金，貯 　　金又は積金 ②　農業協同組合，農業協同組合連 　　合会，水産業協同組合，信用協同 　　組合，信用金庫又は労働金庫に対 　　する預金，貯金又は積金	その受入れをした営業所又は事業所の所在。
生命保険契約又は損害保険契約など の保険金	これらの契約を締結した保険会社の本店又は 主たる事務所の所在。
退職手当金等	退職手当金等を支払った者の住所又は本店若 しくは主たる事務所の所在。
貸付金債権	その債務者の住所又は本店若しくは主たる事 務所の所在。
社債，株式，法人に対する出資又は 外国預託証券	その社債若しくは株式の発行法人，出資され ている法人，又は外国預託証券に係る株式の 発行法人の本店又は主たる事務所の所在。
国債，地方債	国債及び地方債は，法施行地（日本国内）に 所在するものとする。外国又は外国の地方公 共団体その他これに準ずるものの発行する公 債は，その外国に所在するものとする。
その他の財産	その財産の権利者であった被相続人の住所。

小規模宅地等の特例の適用可否を検討する際には，この点に留意する必要があります。

　なお，小規模宅地等の特例は，国外に所在する宅地等であっても対象となります。

6 遺留分侵害額請求と申告義務

Q 父が亡くなりました。相続人は私と弟の2人ですが，弟は父と折り合いが悪かったため，父はすべての財産を私に遺すという遺言を作成していました。

申告期限まであと2か月と迫ったところ，弟から遺留分侵害額請求を行う旨の通知が届きました。

A 弟様から遺留分侵害額請求があった場合においても遺言は有効であるため，遺言内容に沿った申告を行います。

後日，遺留分侵害額が確定し，あなたが取得する財産が減少した場合には，その支払うべき金額が確定したことを知った日の翌日から4か月以内に限り，更正の請求を行うことで，税金の還付を受けることができます。

解説 ⋯⋯⋯⋯⋯⋯⋯⋯⋯⋯⋯⋯⋯⋯⋯⋯⋯⋯⋯⋯⋯⋯⋯⋯⋯⋯⋯⋯⋯⋯⋯

(1) 遺留分侵害額請求

被相続人は，自己の財産である遺産をどのように処分するかを自由に決定できるのが原則であり，生前の贈与や遺言による遺贈，特定財産承継遺言，相続分の指定により，自由に財産を処分することができます。

しかし，この自由を制限する制度として，兄弟姉妹以外の相続人には，遺留分として，遺産[7]の一定割合を取得することができる権利が定められています（民法1042〜1045）。

この権利を侵害されている場合には，権利者は，受遺者[8]又は受贈者に対し

---

7 一定の範囲の生前の贈与も含みます。
8 特定財産承継遺言により財産を承継し又は相続分の指定を受けた相続人を含みます。

て，遺留分侵害額に相当する金銭の支払を請求することができます（民法1046①）。

　このため，本事例では，相談者は遺言により全遺産を承継しますが，遺留分侵害額請求により，弟に金銭を支払うとすれば，相続により承継した遺産は実質的に減少することになります。

(2)　遺留分侵害額請求が行われた場合の申告

　遺留分侵害額請求が行われた場合において，当事者間に争いがあり，その額が確定していない状態では，遺留分侵害額を加味した申告を行うことは困難です。このような場合には，遺留分侵害額請求が行われていないものとして課税価格を計算し申告することとされています（相基通11の2-4）。

(3)　更正の請求

　更正の請求とは，納税義務者が申告した税額が法律の規定に従っていなかった場合又はその計算に誤りがあった場合に，法定申告期限から5年以内に多すぎた税額の減額更正処分を求める行為です（通法23①）。

　なお，相続税においては，次の事由が発生した場合は，上記の更正の請求の期限（法定申告期限から5年以内）にかかわらず，事由が発生した日の翌日から4か月以内に，更正の請求を行うことができます（相法32①）（後記**44**(2)参照）。

①　未分割の財産が分割された
②　認知，廃除等による相続人の異動があった
③　遺留分侵害額請求権が行使された
④　遺贈に係る遺言書が発見された・遺贈が放棄された

7　遺言者の意思能力

Q　父は、遺言を残して亡くなりました。遺言を行った時、父は少し認知症の症状がありましたが、この遺言の効力には影響があるでしょうか。

A　被相続人（遺言者）は、自由に遺言を行うことができます。

しかし、遺言は法律行為であるため、法律行為を行うことができるだけの能力である判断能力＝意思能力が必要です。

遺言者に遺言を行った時点において遺言能力がないと判断された場合には、遺言は無効となります。

解説……………………………………………………

(1)　遺言能力とは

法律行為を行うためには、法律行為の意味と、その効果・結果を理解・判断する（弁識する）ことのできる意思能力が必要です。

遺言も法律行為であるため、遺言を行うためには意思能力が必要です。遺言を行うための意思能力を「遺言能力」といいます（民法963）。

したがって、遺言能力のない遺言者の作成した遺言は無効となり、遺言がない場合と同様になります。

(2)　遺言能力の判断要素

遺言能力については、民法において、①未成年者でも15歳以上であれば遺言を行うことができること（民法961）、②成年被後見人でも、事理を弁識する能力を一時的に回復した場合には、医師2名以上の立会いの下で、遺言を行うことができること（民法973①）が規定されています。

それ以外の場合については，解釈に委ねられており，裁判例では，「本件各対象遺言の各時点における遺言者である被相続人の病状，精神状態等，遺言の内容，遺言をするに至った経緯等をふまえ，遺言能力を喪失するに至っていたかどうかを判断する」[9]等と，病状，精神状態，遺言内容，経緯などを総合的に考慮して判断されています。

(3)　本事例の当てはめ

本事例で，遺言が無効となるのか否かについては，一概に答えは出ません。

上記のとおり，当時の相談者の父の認知症の症状，程度，遺言の内容（特定の相続人にすべての財産を相続させる等の単純な内容か，それとも個別の財産を各相続人に細かく分配するなどの複雑な内容か），遺言前の意向，遺言前後の言動との整合性，それまでの人間関係からみて自然であるか否かなどの諸要素を判断する必要があります。

相続人間で効力について合意できなければ，裁判所で遺言無効確認訴訟等により結論を出してもらうこととなります。

(4)　相続税申告

遺言の効力がはっきりしない場合の相続税申告は難しいものと思われます。

遺言により（多く）財産を受け取る相続人等は，遺言が有効であると主張する以上，これを前提に申告すると考えられます。

これに対し，遺言無効を主張する相続人としては，遺言無効が認められる事例が少ないこと，遺言無効を主張する側は遺言により取得する財産が少ないはずであり，遺言無効を前提に未分割申告を行うと税負担が重いことを考えると，一応，遺言が有効であることを前提に申告することが多いと思われます。

裁判所で遺言が無効と判断された場合には，一旦未分割であることを前提に更正の請求や期限後申告又は修正申告を行い，分割確定後に再度更正の請求や修正申告を行うことになります。

9　東京地判平成28年12月7日（平成27年（ワ）26976号，判例集未登載）（LEX/DB：25550119）

第 2 章

相続財産の範囲

8 相続財産の範囲

Q 父が亡くなりました。会社の役員であった父には，会社から死亡退職金が支給されると聞きました。また，父が生前に契約した生命保険契約の保険金は私が受取人になっています。相続人は母と私（長男）の２人です。これらは相続税の課税対象となるのでしょうか。

A 民法上は相続又は遺贈により取得した財産でなくても，相続税法上は実質的に相続又は遺贈により財産を取得したのと同等の経済効果があるものについて，その経済効果を相続又は遺贈によって取得したものとみなして，相続税の課税対象とします。

あなたが受取人となっている死亡退職金及び生命保険金は「みなし相続財産」とされ，相続税の課税対象となります。

解説 ··

生命保険金等・死亡退職金は，民法上，相続財産や特別受益に該当せず，また遺留分算定の基礎となる財産も構成しません。したがって，遺産分割案策定の際，生命保険金等・死亡退職金は原則としてその考慮の対象外となるケースが多いでしょう。

しかし，相続税法上，生命保険金等・死亡退職金はみなし相続財産・みなし遺贈財産として相続税の課税対象となります。また，遺産分割案策定に際しこれらの財産を含めた相続税の負担を加味した遺産分割案作成が求められるケースもあります。そのため，相続税が発生することが見込まれる事案では，生命保険金等・死亡退職金の税務上の取扱いを把握しておく必要があります。

(1)　民法上の相続財産の範囲

　相続人は，被相続人の一身専属権を除き，被相続人の財産に属した一切の権利義務を承継し（民法896），この例外として，祭祀に関する権利は祭祀主宰者が承継します（民法897）。

　なお，生命保険金等・死亡退職金の民法上の原則的な取扱いについては以下のように解されており，原則として遺産分割には影響を与えません。

	相続財産性	特別受益性	遺留分の取扱い
生命保険金等	相続財産に該当しない(※1)	原則として，特別受益に該当しない(※1)	原則として，遺留分算定の基礎となる財産に含まれない(※2)
死亡退職金	原則として，相続財産に該当しない(※3)	特別受益として考慮される可能性はある(※4)	原則として，遺留分算定の基礎となる財産に含まれない

（※1）　最判平成16年10月29日（民集58巻7号1979頁）
（※2）　最判平成14年11月5日（民集56巻8号2069頁）
（※3）　最判昭和55年11月27日（民集34巻6号815頁），最判昭和58年10月14日（集民140号115頁）
（※4）　東京地判平成25年10月28日（金判1432号33頁）（控訴審東京高判平成26年3月19日（金判1493号19頁））

(2)　相続税法上の生命保険金等の取扱い

①　相続税法上の生命保険金等の取扱いの概要

　相続税法上，被相続人が保険料を負担した生命保険金等については，みなし相続財産・みなし遺贈財産として相続税が課されます（相法3①一）。なお，相続人が取得した生命保険金等については，一定の非課税枠が設けられています（後記**9**(2)参照）。

　前述のとおり，生命保険金等は相続財産に該当しないものと解されています。しかし，被相続人がその保険料を負担した生命保険金等については，実質的に被相続人の財産と同視すべきものと考えられ，税負担公平の見地からみなし相続財産・みなし遺贈財産として相続税が課されることとされています。

②　相続税の課税対象となる生命保険契約の範囲

　相続税の課税対象となる生命保険契約は，保険業法２条３項に規定する生命保険会社との生命保険契約のほか，簡易生命保険契約，農協などの協同組合との生命共済契約，死亡により保険金が支払われることとなる損害保険契約・傷害共済契約などです（相法３①一，相令１の２）。

　また，生命保険会社・損害保険会社については，日本の保険会社のみならず外国保険業者も含まれます（保険業法２⑥，相令１の２①一，②一）[1]。

③　相続税の課税対象となる生命保険金等の範囲

イ　保険金の支払形態

　一時金のみならず，年金の方法により支払を受ける保険金についても，みなし相続財産・みなし遺贈財産として相続税の課税対象となります（相基通３－６）。

ロ　保険金とともに支払を受ける剰余金・割戻金・前納保険料

　被相続人の死亡により支払を受ける剰余金・割戻金・前納保険料についても，みなし相続財産・みなし遺贈財産として相続税の課税対象となります（相基通３－８）。これらの剰余金等についても，その原資の拠出者は保険料負担者である被相続人であり，かつ，被相続人の死亡により支払われるものであることから生命保険金等と同質のものと考えられ，このような取扱いになっています。

④　保険金受取人の意義

　保険金受取人の判断は，その受取人が相続人であるか否かにより，生命保険金等の非課税の適用有無に関連するため，重要といえます（後記**9**(2)参照）。ここでいう保険金受取人とは，保険契約に係る保険約款等の規定に基づいて保険金を受け取る権利を有する，保険契約上の保険金受取人を指します（相基通３－11）。通常は，保険証券等に記載されている保険金受取人により判断します。

　また，保険契約上の保険金受取人とは異なる者が保険金を受け取った場合には，保険契約上の保険金受取人から現実に保険金を取得した者への保険金相当額の金銭の贈与と考え，贈与税の課税対象となります。

1　保険業法に規定する保険業者か否かは，金融庁のホームページ（https://www.fsa.go.jp/menkyo/menkyo.html）で調べることができます。

　なお，保険金受取人の変更手続がされていなかったことにつきやむを得ない
事情があると認められる場合には，現実的に保険金を取得した者を保険金受取
人として課税することとされています（相基通3－12）が，やむを得ない事情
の判断基準は明示されておらず，その判断について，実務上は悩ましいものが
あります。

⑶　相続税法上の死亡退職金の取扱い

①　相続税法上の死亡退職金の取扱いの概要

　相続税法上，被相続人の死亡により相続人等に支給される退職手当金等につ
いては，相続による退職金請求権の承継取得とみるか，遺族固有の財産とみる
かについて見解が分かれてはいるものの，税負担公平の見地から，みなし相続
財産・みなし遺贈財産として相続税が課されます（相法3①二）。なお，<u>相続
人が取得した死亡退職金については，一定の非課税枠も設けられています（後
記**9**(3)参照）。</u>

②　相続税の課税対象となる死亡退職金の範囲

　相続税の課税対象となる死亡退職金は，被相続人の死亡後3年以内に支給額
が確定したもので，実際の支給時期は問いません（相基通3－30）。なお，支
給額の確定時期について，会社の従業員の場合には就業規則等によりその金額
が決定されることが多いため疑義を生ずることは少ないと思われます。しかし，
法人の役員の死亡退職金については，一般的に株主総会又は株主総会で支給を
決議した後に取締役会でその支給額を確定することとなるため，実務上，その
決議日を確認することが必要とされます。

　また，支給額が3年を超えて決定された死亡退職金については，その支払を
受ける遺族の一時所得として，所得税・住民税が課税されます（所基通34－2）。

　ここでいう死亡退職金とは，その退職手当金・功労金等の名義を問わず，実
質的に被相続人の退職手当金等に該当するものをいいます（相基通3－18）。
したがって，被相続人が受けるべきであったもののその金額が被相続人の死亡
後に確定した賞与や，支給期の到来していない給与は退職手当金等には該当せ
ず，本来の相続財産として相続税が課税されることとなります（相基通3－32，

3 - 33)。

③　弔慰金

　被相続人が死亡退職した場合，退職手当金等とともに弔慰金が支給される場合があります。

　弔慰金については，民法上，受給者固有の財産であり相続財産には該当しないという見解がほぼ成立しています。一方で，退職手当金等と弔慰金の線引きは難しいものがあり，相続税の計算上は，形式的に以下の算式により計算した金額については，弔慰金であったとしても死亡退職金として相続税の課税対象に含めることとされています。

$$弔慰金の額 - \genfrac{}{}{0pt}{}{弔慰金のうち実質的に死}{亡退職金と認められる額} - \genfrac{}{}{0pt}{}{(相基通3-18,\ 3-19)}{}$$

業務上の死亡
　➡普通給与の月額×36か月
業務外の死亡
　➡普通給与の月額×6か月

　なお，労働者災害補償保険法・国家公務員災害補償法・国家公務員共済組合法等に掲げる遺族給付や弔慰金等については，それぞれに掲げる法律により課税しないこととされています。また，従業員の業務上の死亡に伴い労働協約・就業規則等に基づき支給される補償金・見舞金・弔慰金等の遺族給付についても同様の性質を有するものであることから，課税しないこととされています（相基通3-23）。

⑷　その他のみなし相続財産・みなし遺贈財産

　相続税法上，みなし相続財産・みなし遺贈財産とされる財産には，上記生命保険金等及び死亡退職金のほか，主に次のものがあります。また，遺言による債務免除や信託に関する権利も，みなし相続財産・みなし遺贈財産とされます。

---

①　生命保険契約に関する権利（相法3①三）
②　定期金に関する権利（相法3①四）
③　保証期間付定期金に関する権利（相法3①五）
④　契約に基づかない定期金に関する権利（相法3①六）

9　生命保険金等・死亡退職金の非課税

Q　前問において，相続財産とみなされる生命保険金等・死亡退職金については相続税の非課税制度があると聞きました。

A　相続税が課税される生命保険金等・死亡退職金のうち，相続人が取得したものについては，それぞれ相続税の非課税制度が設けられています。非課税となる金額は「500万円×相続税法上の法定相続人の数」であり，これらの生命保険金等や死亡退職金を取得した相続人が複数人いる場合には，各相続人が取得した生命保険金等・死亡退職金の比率により非課税金額を配分します。

　なお，生命保険金等・死亡退職金については，お母様が取得者となるケースもありますが，相続税の節税という観点からは，あえてお母様に取得させないことも考えられます。

解説

(1)　制度の趣旨等

　相続税法では，その財産の性質に鑑み，相続税を課税することが適当でないと認められるもの（例：お墓）については，相続税を非課税とする制度が設けられています。生命保険金等・死亡退職金については，相続人のその後の生活の安定保障を考慮し，それぞれ非課税の制度が設けられています。

　非課税となる金額は，「500万円×相続税法上の法定相続人の数」と定められており，その受取人が複数いる場合には，各相続人が取得した生命保険金等・死亡退職金の金額の比率により非課税となる金額を配分します。

(2) 生命保険金等の相続税の非課税

① 非課税の対象となる生命保険金等

みなし相続財産として相続税の課税対象とされた生命保険金等（前記**8**参照）のうち，相続人が取得した生命保険金等は一定額まで非課税の対象となります。なお，相続人以外の人（例：被相続人の孫，子供の配偶者等）が取得した生命保険金等については非課税の対象となりません。

② 非課税となる金額

次の算式により計算した金額が，非課税となります。

500万円×相続税法上の法定相続人の数＝非課税となる金額の合計額

$$非課税金額の合計額 \times \frac{その相続人の取得した保険金額}{相続人全員の受取保険金額の合計額} = 各相続人の非課税金額$$

この場合の「相続税法上の法定相続人の数」については，以下のような注意点があります（相法15②③）。

イ　相続の放棄があった場合には，その放棄がなかったものとした場合における相続人の数とする（図1参照）。

ロ　被相続人に養子がいる場合，その養子の数にかかわらず，被相続人に実子がいる場合には1人まで，被相続人に実子がいない場合は2人までとする（図2参照）。

ただし，特別養子縁組により養子となった者など一定の場合（前記**4**(3)参照）には，非課税金額の計算上実子として扱われ，養子の数の算入制限を受けません。

【法定相続人の注意点の具体例】

《図1》放棄した者がいる場合

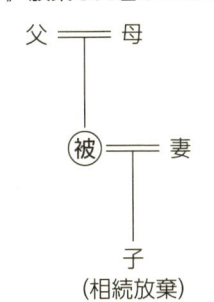

《非課税金額の計算》
500万円×2人（妻・子）＝1,000万円
　※500万円×3人（妻・父・母）は不可

《図2》普通養子が複数人いる場合

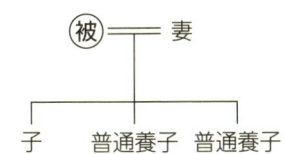

《非課税金額の計算》
500万円×3人（妻・子・養子のうち1人※）
＝1,500万円
　※実子がいるため1人までしか算入できない

(3)　死亡退職金の相続税の非課税

①　非課税の対象となる死亡退職金

　みなし相続財産として相続税の課税対象とされた死亡退職金（前記 **8** 参照）のうち，相続人が取得した死亡退職金は一定額まで非課税の対象となります。なお，相続人以外の人（例：被相続人の孫，子供の配偶者等）が取得した死亡退職金については非課税の対象となりません。

②　非課税となる金額

　次の算式により計算した金額が，非課税となります。

500万円×相続税法上の法定相続人の数※＝非課税となる金額の合計額

$$\text{非課税金額の合計額} \times \frac{\text{その相続人の取得した退職金額}}{\text{相続人全員の受取退職金額の合計額}} = \text{各相続人の非課税金額}$$

　※相続税法上の法定相続人の数については，上記(2)②を参照。

　なお，死亡退職金の相続税の非課税は，生命保険金等の相続税の非課税と別枠として設けられています。

⑷　死亡退職金又は生命保険金等の受取人を誰にするのか？

　死亡退職金の受取人については，会社の退職給与の支給規程に定められているケースもあると思料します。

　相続税が発生すると見込まれる事案の場合には，死亡退職金の取得者を配偶者以外とすることにより，相続税の節税を図ることができるケースがあります。

　配偶者は，「配偶者に対する相続税額の軽減」（後記**20**参照）により，配偶者が財産を取得しても相続税が課されない，又は相続税が課されるとしても大きく軽減されます。相続税の計算上，既に優遇されている配偶者に死亡退職金を取得させ，配偶者が死亡退職金の非課税の適用を受けても，相続税の節税という観点からはその効果は限定的になります。

　このような場合，例えば子供など配偶者以外の人に死亡退職金を取得させ，子供に非課税制度を適用させることにより相続税の節税を図ることが可能となります。この場合，会社に対し退職給与の支給規程を確認するとともに，受給者の変更が必要となる場合は，会社が支給決定を行う前に相続人全員の了解を得て受給者の変更を会社に申し出る対応が必要と思料します。

　同じ理由により，被相続人が保険料を負担する生命保険金等についても，生前のうちに受取人を配偶者以外に変更しておくことにより同様の効果を得ることができます。

　また，一次相続で配偶者が取得した生命保険金等や死亡退職金は，その配偶者が死亡した際（二次相続）には配偶者の相続財産を構成し，二次相続の際の相続税額が増加することも考えられます。子供が生命保険金等や死亡退職金を取得すれば，二次相続の際の相続税額を減少させる効果が期待できます。さらには，子供が取得した生命保険金等や死亡退職金は，相続税の納税資金の原資とすることもできます。これらの観点からも，生命保険金等・死亡退職金の受取人を配偶者以外とすることが考えられます。

10　国外財産

Q　国外の財産を相続した場合でも，日本の相続税の課税対象となりますか。また，国外の財産について，相続税の計算上，その邦貨換算はどのようにすればよいですか。

A　無制限納税義務者に該当する場合には，全世界の財産が相続税の課税対象となるため，国外に所在する財産であっても，日本の相続税が課されます。一方，制限納税義務者に該当する場合には，日本に所在する財産のみが相続税の課税対象となるため，国外財産は相続税の計算に含める必要はありません。

　また，国外の財産の邦貨換算については，相続開始時における最終の外国為替相場のうち，対顧客直物電信買相場（TTB）を使用して計算します。

解説 ··

(1)　納税義務者

　前記**5**で解説したとおり，相続税の納税義務者は，無制限納税義務者と制限納税義務者とに大きく区分されます。無制限納税義務者に該当する場合には，全世界の財産が相続税の課税対象となります（相法1の3，2）。

(2)　制限納税義務者が控除できる債務（相法13②）

　日本の相続税の計算上，制限納税義務者が控除できる債務は，以下の債務に限られます。葬式費用は控除することができません。

①	取得した財産に係る公租公課
②	取得した財産を目的とする留置権等で担保される債務
③	①②の債務を除くほか，その財産の取得，維持又は管理のために生じた債務
④	取得した財産に関する贈与の義務
⑤	①から④の債務のほか，被相続人が死亡の際日本に有していた営業所等に係る営業上等の債務

(3) 邦貨換算

　国外にある財産の邦貨換算は，原則として，納税義務者の取引金融機関（外貨預金等，取引金融機関が特定されている場合には，その取引金融機関）が公表する課税時期における最終の為替相場（課税時期にその相場がない場合には，課税時期前のその相場のうち，課税時期に最も近い日のその相場）によります（評基通4－3）。

　財産の換算については，対顧客直物電信買相場（TTB）を使用し，債務や葬式費用の換算については，対顧客直物電信売相場（TTS）を使用します。

【計算例】

　相続開始日の為替相場　TTB：150.00　TTS：151.00　TTM：150.50

　相続財産　預　金　$10,000→ $10,000×150.00＝1,500,000円

　相続債務　借入金　$3,000→ $3,000×151.00＝ 453,000円

11　名義財産

Q 　私は20年前から毎年110万円ずつ孫に贈与を行っています。今では，2,200万円が貯まっていますが，孫はまだ若いので無駄遣いしてほしくないと思い，通帳や印鑑等は私が管理しています。問題はありませんか。

A 　あなたの相続が開始した場合，相続税の申告後の税務調査において，贈与契約を交わさず，あなたが資金を拠出し，通帳や印鑑をあなたが管理していたことが判明すると，あなたの名義財産と認定される可能性があります。名義財産の判定は事実関係を総合的に検証した上で判断されることとなりますが，税務当局から名義財産と認定される懸念がある場合には，その名義財産を生前に解消することを勧めます。

解説 ⋯⋯⋯⋯⋯⋯⋯⋯⋯⋯⋯⋯⋯⋯⋯⋯⋯⋯⋯⋯⋯⋯⋯⋯⋯⋯⋯⋯⋯⋯⋯⋯⋯⋯⋯⋯⋯⋯⋯

(1)　名義財産とは

　相続税申告の場面では，いわゆる「名義財産」が問題となることがあります。
　名義財産とは，預金通帳や預金証書などに記載された名義は被相続人と異なるものの，実質的に被相続人に帰属する預貯金や有価証券などの財産であると認定されるものを指します。代表的なものとして，被相続人が生前に孫名義で預金口座を開設し，その存在を本人に知らせることなく被相続人が管理していた預金のようなものが挙げられます。

(2)　名義財産が問題となる場面

　名義財産が問題となる場面としては，遺産確認訴訟のほか，相続税の税務調査において，被相続人の名義財産として財産の計上漏れを指摘されるような場

合が考えられます（後記**68**参照）。この場合には，相続財産の範囲が変わるだけでなく，追加の相続税の本税のほか，ペナルティとして無申告加算税・過少申告加算税，利息に相当する延滞税が課されます。

⑶　名義財産発生のメカニズム

　贈与（民法549）は，財産を無償で与える旨の「合意」によりその効力を生じます。例えば，先述の被相続人が孫にその存在を知らせることなく開設・管理している孫名義の預金口座に対し，被相続人から入金が行われていた場合には，孫による受諾がないことから同条に定める法律要件を満たさず，その効力は生じません。この場合，預金口座の名義は被相続人の孫ではあるものの，実質的に被相続人に帰属する財産として取り扱われることとなります。

　また，相続税申告の実務では，被相続人の配偶者のいわゆるヘソクリ（被相続人から配偶者に渡された生活費の余剰金が蓄積されたもの）が問題になることもあります。ヘソクリの帰属について争われた平成19年4月11日裁決[2]において，次の2点の内容が示されています。

> ①　被相続人から配偶者へ生活費等として渡された金銭の法的性質は夫婦共同生活の基金であり，その余剰を配偶者名義の預金等にしたとしてもその法的性質は失われない。
> ②　たとえ，生前に被相続人から生活費の余剰分は自由に使ってよい旨を言われていたとしても，そのことが直ちに贈与契約を意味する訳ではなく，その預金等の全額が配偶者の固有の財産にはならない。

　このような先例があるため，配偶者のヘソクリについてもその判断は慎重に行う必要があります。

⑷　名義財産を把握する方法

　では，このような名義財産はどのように把握するのでしょうか。実務上は，相続人が，その形成過程を説明できない財産を所有している場合（次の①の金

2　非公開裁決，TAINS：F0-3-312

額＞②〜④の合計額となった場合）には，名義財産の存在を疑います。

---

① 相続開始時に相続人が所有する財産の額
② 相続人固有の収入による財産の積み上げ額
　（例：相続人自身の給与・公的年金・自身が所有する財産の売却代金等）
③ 相続人が被相続人以外の者から相続等した財産
　（例：被相続人の妻が自身の親から相続した財産）
④ 被相続人の生前に相続人が贈与を受けたことが明らかな財産の額

　上記により名義財産の存在が疑われるケースでは，まず，贈与契約書のような直接証拠により法律要件を満たす具体的な事実があったかを確認します。

　直接証拠による立証が困難な場合には，東京地裁平成20年10月17日判決[3]で示された判断の枠組みを参考にしつつ，以下のような間接事実に基づき民法549条に定める法律要件を満たす具体的な事実がその当時においてあったか否かを推認することとなります。

・預金・証券口座の開設状況（誰が口座開設の手続をしたのか？）
・預金者や証券口座の名義人の住所地の状況（口座名義人の住所が金融機関への届出内容と異なる場合に，合理的にその理由を説明できるか？）
・預金・証券口座への入金状況（誰がどこから何を原資に入金したのか？）
・通帳・印鑑等の保管場所の状況（誰が預金通帳や印鑑，ネットバンキング・ネット証券のID・パスワード・ワンタイムキーや二段階認証のためのデバイスを管理していたか？）
・口座の入出金・株の売買の管理者の状況（誰が入出金・株の売買を実際に管理していたのか？）
・収益の処分状況（利息，配当等は誰が得ていたのか？）

⑸　名義財産を発生させないための対策

　相続税の申告書作成や税務調査に備え，名義財産を発生させないためには，法に定める要件を満たす具体的な事実があったことを確認できるようにしておくことが大切です。その対策として，①贈与契約書の作成及び②保険料贈与ス

3　税資258号順号11053（東京高判平成21年4月16日（税資259号順号11182）控訴棄却（確定））

キームの2点をご紹介します。

① 贈与契約書の作成

　現預金等の贈与を行う際，贈与契約書を作成することにより，その当時において贈与の法律要件を満たす具体的な事実があったことを示すことができます。相続税の税務調査も意識する場合，次のような点に留意するとよいでしょう。

　　イ　贈与者・受贈者双方が「自署」する

　その当時において，確かに贈与者・受贈者による財産を無償で与える旨の合意があったことを示すため，自署による契約書の方が望ましいといえます。

　　ロ　確定日付の付与を受ける

　相続税の税務調査において贈与契約書を後日付で作成したものではないことを示すため，公証役場で確定日付の付与を受けることも有効です。1件当たり700円，付与を受ける時間も短時間で済みますのでぜひとも行いたい対策です。

② 保険料贈与スキーム

　名義財産対策として使われる保険料贈与スキームとしては，次のようなものがあります。

《設定する保険契約》
・保険契約者・保険料負担者：子
・被保険者　　　　　　　　：親
・保険金受取人　　　　　　：子

　毎年，親が子に現預金を贈与し，子はその現預金を保険料として保険会社に支払います。子が贈与を受けた現預金により保険料を支払うという事実により，その当時において財産を無償で与える旨の合意があったことを推認させ，これにより名義財産の発生を防ごうとするものです。

　また，このようなスキームを組んだ場合，親が死亡した際に支払われる保険金はみなし相続財産（前記**8**参照）としてではなく，相続人の一時所得として所得税・住民税の課税対象となります。相続財産や保険の内容等にもよりますが，相続税課税ではなく所得税・住民税課税の方が税負担が軽減されるケースもあり，副次的にこのような効果も期待できます。

12　生前贈与

Q　私は2年前に父から現金の生前贈与を受けていたところ，このほど父が亡くなりました。生前贈与は，相続税の計算に影響しますか。

A　相続又は遺贈（被相続人からの死因贈与を含みます。以下，本項において同じ。）により財産を取得した者は，相続開始前7年以内に被相続人から暦年課税贈与により取得した財産がある場合，その財産は相続税の計算に加算されます。また，生前贈与について相続時精算課税贈与を選択していた場合にも，一定額は相続税の計算に加算されます。

　なお，相続税の計算に加算された贈与財産について，贈与時に贈与税が課されている場合には，二重課税排除の観点から，相続税の計算においてその贈与税額を控除（還付）することとされています。

解説……………………………………………………………………………………

　被相続人から受けた贈与財産のうち一定のものについては，「暦年課税贈与に係る生前贈与加算」（相法19）又は「相続時精算課税制度」（相法21の9〜21の18）のいずれかの制度により，相続税の計算に加算されます。

　民法903条の特別受益（後記**65(2)**参照）と両制度を比較した場合，次のようになります。

	特別受益 （民法903）	暦年課税贈与に係る生前 贈与加算（相法19, 21の6）	相続時精算課税制度 （相法21の9〜21の18）
持ち戻し・加算の対象者	相続人	被相続人から相続・遺贈（みなし相続財産・みなし遺贈財産の取得，死因贈与を含む。）により財産を取得した人	相続時精算課税制度を選択した人
持ち戻し・加算の対象となる贈与	婚姻・養子縁組・生計の資本としての贈与。	相続開始前7年以内のすべての贈与財産が相続税の計算への加算対象。 ※令和12年12月31日までに発生の相続に係る相続税の計算では，経過措置により，加算対象期間の調整措置あり。 ※100万円を限度とする加算調整措置あり。	相続時精算課税制度を選択した年分以後の特定贈与者からのすべての贈与財産（令和6年以後の贈与は同制度の基礎控除を超える部分のみ）が，相続税の計算への加算対象。
持ち戻し・加算の価額	贈与財産の相続開始時の時価を持ち戻し。	贈与財産の贈与時の相続税評価額を相続税の計算に加算する。ただし，贈与税の非課税財産等については加算対象外。	贈与財産の贈与時の相続税評価額を相続税の計算に加算する。なお，令和6年以後に受けた相続時精算課税贈与については，その財産の価額から基礎控除額（原則110万円）を控除した価額を加算する。
持ち戻し免除の可否	持ち戻し免除の意思表示可能。	持ち戻し免除の意思表示は不可。対象となる贈与はすべて相続税の計算に加算する。	持ち戻し免除の意思表示は不可。相続時精算課税制度を選択した年分以後のすべての贈与を加算する。
おしどり贈与_{（注）}	婚姻期間20年以上の夫婦間で居住用不動産の遺贈・贈与があったときは持ち戻し免除の意思表示をしたものと推定する。	婚姻期間20年以上の夫婦間での居住用不動産又は居住用不動産購入資金の贈与があった場合には，贈与税の計算上，その財産の価額から最大2,000万円を控除する。控除さ	贈与者の直系卑属のみが相続時精算課税制度の対象者となるため，おしどり贈与の制度は対象とならない。

		れた金額は相続税の計算への加算も不要。	
財産が滅失した場合の取扱い	受贈者の行為による財産の滅失・価額の増減があった場合には、その滅失・価額の増減はなかったものとみなす。	いかなる財産の滅失も考慮せずに、相続税の計算に加算する。	原則として財産の滅失は考慮しない。ただし、令和6年以後に災害により被害を受けた土地・建物については、調整措置あり。
その他	―	相続税の計算に加算された贈与財産に係る贈与税額がある場合には、相続税額からその贈与税額を控除する。 ※控除しきれない贈与税額があっても還付はされない。	・贈与者ごとに選択する制度である。 ・相続税の計算に加算された贈与財産に係る贈与税額がある場合には、相続税額からその贈与税額を控除する。控除しきれない贈与税額がある場合には還付される。

(注)　「おしどり贈与」とは，婚姻期間が20年以上の夫婦間に適用される贈与税の配偶者控除の通称です。

　以下，それぞれの内容について解説します。

(1)　暦年課税贈与に係る生前贈与加算

①　制度の概要

　相続又は遺贈により財産を取得した人は，相続開始前7年以内（令和5年12月31日までの贈与は3年以内）に被相続人から暦年課税贈与により取得した財産がある場合，その財産は相続税の計算に加算されます（相法19）。また，相続税の計算に加算された贈与財産について，贈与時に贈与税が課されている場合には，二重課税排除の観点から，相続税の計算においてその贈与税額を控除することとされています。

②　加算対象者

　民法では，特別受益の対象者は相続人に限られます（民法903）。

　これに対し，暦年課税贈与に係る生前贈与加算の対象者は，相続又は<u>遺贈に</u>

より財産を取得した人であり，相続人に限定されません。なお，相続又は遺贈により財産を取得しなかった場合でも，次の人については相続又は遺贈により財産を取得した人とみなされ，加算対象者とされます。

・被相続人が保険料を負担した生命保険金等・死亡退職金のみなし相続財産・みなし遺贈財産を取得した人（相法3他）

また，暦年課税贈与により生前贈与を受けた孫（直系卑属）が代襲相続人となった場合は，加算対象者とされます。

③ 加算対象となる贈与

特別受益の計算では，婚姻・養子縁組・生計の資本としての贈与が対象となります（民法903①）。これに対し，生前贈与加算ではその贈与の趣旨にかかわらず，相続開始前7年以内に行われた贈与について，その贈与時の価額を相続税の課税価格に加算します。

従来の加算期間は相続開始前3年間とされていましたが，令和5年度税制改正によりこの加算期間が7年へと延長されました。なお，実際の加算期間は令和5年度税制改正に係る経過措置により，次のとおりとされています（令5改正法附則19②③）（後記**60**参照）。

相続開始日	加算対象となる贈与
令和6年1月1日〜令和8年12月31日	相続開始前3年以内の贈与
令和9年1月1日〜令和12年12月31日	令和6年1月1日〜相続開始日までの贈与
令和13年1月1日以後	相続開始前7年以内の贈与

【令和9（2027）年10月1日に相続開始の場合】

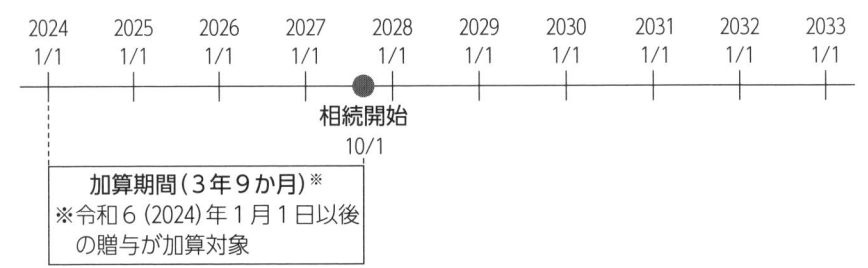

【令和13（2031）年10月1日に相続開始の場合】

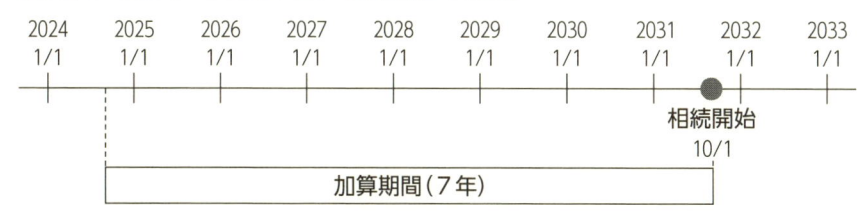

④ 相続税の計算に加算される贈与財産の価額

イ 加算される贈与財産

　相続税の計算への加算対象となる贈与財産は，贈与税の課税対象となる財産に限られます。次のような贈与税の課税が行われない財産は，その課税が行われないことの趣旨に鑑み，相続税の計算についても加算対象外（すなわち，相続税の課税も行われない）となります。

・贈与税の非課税財産（例：扶養義務者間で生活費・教育費に充てるためにされた贈与財産等；相法21の3，21の4）

・贈与税の制限納税義務者が取得した国外所在財産（例：贈与者・受贈者ともに一度も日本に住んだことのない人が贈与により取得した国外所在不動産など；相法1の4，2の2，10）

・「おしどり贈与」により贈与された居住用不動産又は居住用不動産購入資金（相法19①②，21の6①）

・直系尊属から住宅取得等資金の贈与を受けた場合の贈与税の非課税（措法70の2）

・直系尊属から教育資金の一括贈与を受けた場合の贈与税の非課税（措法70の2の2）[※1]

・直系尊属から結婚・子育て資金の一括贈与を受けた場合の贈与税の非課税（措法70の2の3）[※2]

（※1）　教育資金の贈与を受けた年や相続税の課税価格の合計額によっては，非課税拠出額から教育資金支出額を控除した残額のうち一定の計算をした金額がある場合には，その金額を相続税の計算に加算します。

（※2）　非課税拠出額から結婚・子育て資金支出額を控除した残額のうち一定の計算をした金額がある場合には，その金額を相続税の計算に加算します。

ロ　加算される贈与財産の価額

　相続税の計算に加算する贈与財産の価額は，相続開始時の時価ではなく，贈与時の相続税評価額となります。また，相続開始前4年前〜7年前に行われた贈与については，その総額から100万円を控除した残額が相続税の課税価格に加算されます。

【毎年4月1日に110万円を贈与し，令和14（2032）年10月1日に相続開始の場合】

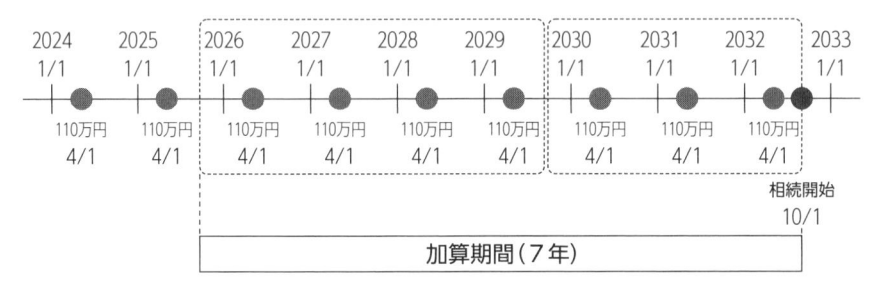

①2030年〜2032年中に贈与を受けた金額の合計＝330万円
②2026年〜2029年中に贈与を受けた金額の合計＝440万円＞100万円　∴440万円−100万円＝340万円
①＋②＝670万円を相続税の課税価格に加算

⑤　持ち戻し免除の可否

　生前贈与加算においては，民法903条3項に定める持ち戻し免除に類似する規定はなく，加算対象となる贈与はすべて相続税の計算に加算されます。

⑥　おしどり贈与の有無

　配偶者の生活保障の観点から，相続税法においても民法903条4項に類似した制度として，贈与税の配偶者控除があります。贈与税の配偶者控除は，婚姻期間20年以上の配偶者間での居住用不動産そのもの又は居住用不動産購入資金の贈与があった場合に，贈与税の計算において最大2,000万円を控除する制度です（相法21の6）。

　なお，おしどり贈与の適用を受けた贈与財産については，加算されません（相法19①②）。これは，贈与税の計算上において最大2,000万円を控除したとしても，同制度の適用を受けた財産が相続税の計算に加算され，相続税の課税が行われてしまっては，控除の効果が減殺されてしまうためです。

⑦ 財産が滅失した場合の取扱い

　民法においては，相続開始時を基準時点に特別受益の計算を行い（民法903①），受贈者の行為による贈与財産の滅失・価額の増減があった場合のみ，相続開始時において原状のままであるものとみなして，計算することとされています（民法904）。

　一方，生前贈与加算においてはこのような取扱いはなく，相続開始時の財産の状況にかかわらず，贈与時の相続税評価額を相続税の計算に加算します。すなわち，贈与後における財産の価値の上昇や下落，災害による財産の滅失等は一切考慮されずに相続税の計算に加算されることとなります。

⑧ その他

　被相続人からの贈与財産のうち相続税の計算に加算された贈与財産に対応する贈与税額は，その贈与を受けた相続人・受遺者の相続税額から控除します。なお，控除しきれない贈与税額がある場合，その控除しきれない金額は切捨てとなり，還付はされません。この点は，相続時精算課税制度の贈与税額控除と異なり，注意を要します。

(2)　相続時精算課税制度

① 制度の概要

　イ　適用を受けるための要件

対象者	適用要件
贈与者	贈与年1月1日において，原則として60歳以上であること。なお，この制度の適用を受ける贈与者を「特定贈与者」といいます。
受贈者	贈与年1月1日時点において18歳以上かつ贈与者の直系卑属である推定相続人又は孫であること。

ロ　必要とされる手続

贈与の時期	必要とされる手続
令和6年1月1日以後の贈与	《適用を受けるための手続》 ・相続時精算課税贈与の基礎控除（原則110万円）以下の贈与 　…相続時精算課税選択届出書を贈与年翌年2月1日～3月15日までに提出 ・相続時精算課税贈与の基礎控除を超える贈与があった場合…相続時精算課税選択届出書＋贈与税申告書を贈与年翌年2月1日～3月15日までに提出 　（※）　いずれも，制度の適用を受ける初年分のみ提出。2年目以後の同選択届出書提出は不要。 《令和6年以後の贈与税申告》 相続時精算課税贈与の基礎控除以下の贈与であれば，贈与税申告は不要。この取扱いは，令和5年以前に相続時精算課税制度の適用を受けていた人にも適用
令和5年12月31日までの贈与	・制度の適用を受ける初年分に，贈与税申告書＋相続時精算課税選択届出書を提出。 ・令和5年までの相続時精算課税贈与は，少額の贈与であっても贈与税申告が必要。

ハ　贈与税の計算

　令和6年以後の相続時精算課税贈与については，以下の算式により計算します（後記**61**参照）。

$$(\text{贈与により取得した財産の価額}^{(※1)} - \text{基礎控除額110万円}^{(※2)} - \text{特別控除2,500万円}^{(※3)}) \times 20\%$$

（※1）　特定贈与者ごとに集計します。例えば，父・母それぞれの贈与について相続時精算課税制度を選択した場合，父から贈与を受けた財産の価額のみを集計し贈与税を計算した上で，母から贈与を受けた財産についても同様に計算します。

（※2）　一暦年ごとに付与されます。なお，特定贈与者が複数いる場合には，基礎控除額110万円を特定贈与者ごとの贈与を受けた財産の金額により按分します。相続時精算課税制度の適用を受ける1人の受贈者に対し，特定贈与者が複数いる場合には，基礎控除の金額が110万円とはならないため注意が必要です。

（※3）　特定贈与者ごとに，一生涯累計で2,500万円の控除となっています。特別控除は一度使用すると，二度とその金額は復活しません。また，この控除を受けるためには贈与税の期限内申告を行わなければなりません（相法21の12②）。

　ニ　相続税の計算（相続時精算課税制度の贈与税額控除）

　毎年の相続時精算課税贈与の基礎控除額110万円を超える金額を，相続財産の価額に加算します。また，加算された財産の価額に係る贈与税がある場合には，財産の価額を加算された人の相続税額からその贈与税額を控除します。相続税額から控除しきれない金額については還付されます。

②　相続財産への加算対象者

　特定贈与者からの贈与について，相続時精算課税制度の適用を受けた受贈者が，加算対象者となります。暦年課税贈与に係る生前贈与加算と異なり，相続・遺贈により財産を取得しているかは問わず加算対象者となります（相法21の15，21の16）。

　なお，相続時精算課税制度の適用を受ける年分の前に，その特定贈与者から暦年課税贈与により取得した財産があるときは，相続税法19条1項（相続開始前7年以内に贈与があった場合の相続税額）の規定の適用があり，その財産の価額は相続税の課税価格に加算することとなります。

③　相続財産への加算対象となる贈与

　相続時精算課税制度の適用を受けた時以後の，特定贈与者からの贈与財産のうち基礎控除額（原則110万円）を超える額が相続財産の加算対象となります。生前贈与加算と同様，婚姻・養子縁組・生計の資本としての贈与といった贈与の趣旨は問わず加算対象となります。

④　相続税の計算に加算される贈与財産の価額

　生前贈与加算と同様，贈与税が課税されない財産（前記(1)④参照）は，相続税の計算に加算されません。また，加算される金額は以下のとおりとなります。

贈与の時期	相続税の計算に加算される金額
令和6年1月1日以後の贈与	贈与時の相続税評価額から，相続時精算課税贈与の基礎控除額（原則110万円）を控除した残額を加算
令和5年12月31日までの贈与	贈与時の相続税評価額を加算

⑤　持ち戻し免除の可否

　生前贈与加算と同様，被相続人からの贈与について持ち戻し免除の意思表示

をすることはできません。相続時精算課税制度を選択した時以後のすべての贈与財産の価額（令和6年以後の贈与については基礎控除額110万円を控除した残額）を，相続税の計算に加算します。

⑥　おしどり贈与の有無

相続時精算課税制度において，おしどり贈与の制度はありません。相続時精算課税制度は，特定贈与者の直系卑属のみが制度の対象となっているためです。

⑦　財産が滅失した場合の取扱い

相続時精算課税贈与により取得した財産が滅失したとしても，原則として，その滅失を考慮せずに贈与時の相続税評価額を相続税の計算に加算します。

ただし，相続時精算課税贈与により取得した土地又は建物が令和6年1月1日以後に災害により一定の被害を受けた場合には，その被害額を控除した残額を相続税の計算に加算します（後記**61**(3)参照）。

⑧　その他

　イ　制度選択の撤回

相続時精算課税制度は，一度選択すると撤回をすることはできません。このため，同制度の選択に当たっては，贈与者の年齢・所有資産の内容及び金額・関係者の意向等を踏まえ，慎重に検討を行う必要があります。

　ロ　相続時精算課税贈与と暦年課税贈与の基礎控除の重複適用

相続時精算課税制度は，贈与者ごとに選択する制度となります。このため，父からの贈与については相続時精算課税贈与，母からの贈与については暦年課税贈与といった形での贈与も可能です。また，このように制度を選択すると，1年当たり，相続時精算課税贈与の基礎控除額110万円＋暦年課税贈与の基礎控除額110万円の合計220万円の控除を受けることが可能です。

　ハ　贈与税額控除（相続時精算課税制度）

相続時精算課税制度においても，生前贈与加算と同様に，相続税の計算において過去に支払った贈与税を控除する制度（贈与税額控除）があります。

控除の対象となる金額は，特定贈与者からの贈与財産に対応する贈与税額です。なお，控除しきれない贈与税額がある場合，その控除しきれない金額は還付されます。この点は，暦年課税贈与の贈与税額控除と異なります。

13　親族からの借入

Q　私（70歳）は，長女（40歳）から1,000万円を借り入れ，孫2人に対しそれぞれ500万円ずつ教育資金として贈与をしようと考えています。長女から借り入れた1,000万円は相続財産へ債務計上できますか。

A　ご質問は，ご長女様から借り入れた1,000万円の，相続税の計算における債務控除の可否についてのものと思われます。一般的には，被相続人の債務は相続税の計算において債務控除の対象となりますが，あなたとご長女様の間での資金の移動は通謀によるもので金銭消費貸借契約が成立したとは認められない場合には，ご質問の1,000万円について債務控除を行うことは認められないものと考えられます。

解説……………………………………………………………………………………………

(1)　相続税の債務控除（無制限納税義務者の場合）

　次の要件を満たす場合には，相続税の計算において被相続人の債務を控除します（相法13，14）（納税義務者については前記**5**(1)参照）。

①　相続人又は包括受遺者として財産を取得していること。相続人・包括受遺者以外の人が特定遺贈により財産を取得している場合には，債務控除の適用を受けることができません。

②　相続開始時に現に存在する被相続人の債務であり，確実であると認められること。なお，確実であると認められる債務について，必ずしも書面の証拠は必要とされません（相基通14－1）。

　しかし，親族間の借入については，次のような事実の有無を認定し，消費貸借契約（民法587）が成立していたか否かを検証します。

> ・借入の経緯
> ・親族が貸し付けた金銭の原資
> ・契約書の有無
> ・利息の支払や元金の返済の事実の有無

(2) 被相続人の債務に該当するか否か

　相談者が長女から借りた1,000万円が債務に該当するか否かについては，金銭消費貸借契約の成立可否を考えます。通常，長女から長女の子へ贈与を行うことが自然であるところ，あえて長女から相談者に金銭を貸し付けて債務を作出する一連の行為は，税務当局から相談者と長女が通じて行った虚偽の意思表示（民法94）に該当するとして，金銭消費貸借契約は無効であると認定される可能性があります。

　この場合，長女からの借入金1,000万円の債務控除は認められないと判断されることに加え，仮装行為として重加算税の課税対象とされるおそれがあります。税務当局に対し，金銭消費貸借契約を交わしたことについて合理的な説明を行うことができないならば，このような契約は行わないことが賢明です。

14 所得税の還付金の還付請求権

> **Q** 父が9月に死亡しました。長男の私は所得税の準確定申告書を12月に提出し，その年の7月に既に納付した予定納税額のうち一部の還付を受けました。この還付金は相続財産となるのでしょうか。

A 予定納税額の還付金及び還付加算金は，被相続人の死亡後，相続人について発生するものですが，所得税の準確定申告に係る還付金は，被相続人の相続財産であり，相続税の課税価格に算入しなければなりません。

解説

(1) 所得税の準確定申告

被相続人が年の中途に死亡した場合は，その人の1月1日から相続開始の日までに確定した所得金額及び税額について，相続人は，その相続の開始があったことを知った日の翌日から4か月以内に，所得税の準確定申告書を提出しなければなりません（所法125②）。

(2) 所得税の還付金の還付請求権

還付金の還付請求権は被相続人の本来の相続財産であり，相続税の課税の対象となります。還付金の還付請求権は，被相続人の相続開始時点において発生しておらず相続財産に含まれないとの見方もできますが，被相続人の生存中に潜在的な請求権が被相続人に帰属しており，これが被相続人の死亡により顕在化したものと考えられます。

したがって，還付金の還付請求権に基づいて還付金を取得した場合は，相続税の課税の対象となります。

⑶　還付申告書の提出

　確定申告の必要がない人の還付申告は，還付申告をする年分の翌年1月1日から5年間行うことができます。したがって，これまでに所得税の確定申告書を提出していなかった場合，例えば，令和元年分については，令和6年12月31日まで申告することができます。同様に，令和5年分については，令和6年1月1日から令和10年12月31日まで申告することができます。

　準確定申告の申告期限は相続の開始があったことを知った日の翌日から4か月以内ですが，この期限を過ぎても，還付を受けるために準確定申告を行おうとする場合，5年以内であれば還付申告を行うことは可能です。

　ただし，還付金は相続税の課税対象になるため，相続税の申告が必要と見込まれる場合には，相続税の申告期限（相続の開始があったことを知った日の翌日から10か月以内）までに，還付申告を完了させておくことが望ましいといえます。相続税の申告期限後に還付金を受け取った場合は，修正申告を行う必要がありますので注意が必要です。

⑷　過納金の還付請求権

　相続人が，その母の死亡により相続した財産に係る相続税の申告をしたところ，母が生前に提起して相続人が承継していた所得税更正処分等の取消訴訟において同処分等の取消判決が確定したことから，過納金が還付され，所轄税務署長から過納金の還付請求権は相続財産を構成するとして相続税の更正処分を受けたため，還付請求権は相続開始後に発生した権利であるから相続財産を構成しないと主張して，同処分の一部の取消しを求めた事案があります。

　この点，被相続人が，所得税更正処分及び過少申告加算税賦課決定処分に基づき，所得税，過少申告加算税及び延滞税を納付するとともに上記各処分の取消訴訟を提起していた場合において，その係属中に被相続人が死亡したため，相続人が同訴訟を承継し，上記各処分の取消判決が確定したときは，上記所得税等に係る過納金の還付請求権は，被相続人の相続財産を構成し，相続税の課税財産となると解するのが相当であると判断されています[4]。

⑸ 還付加算金

　還付加算金は，相続人が確定申告書の提出によって原始的に取得するもので，被相続人からの相続によって取得するものとは認められないため，相続人の所得税（雑所得）の課税対象となり，相続税の課税価格には算入されません。

　相続人などの責任に基づいて納付したり，徴収されることになった延滞税や加算税などは遺産総額から差し引くことはできませんが，このことと同様の考え方といえます。

4　最判平成22年10月15日（民集64巻7号1764頁）

第3章

相続財産の遺贈・寄附

15　法人等への遺贈

Q　遺言では個人以外に対しても財産の遺贈ができると聞きましたが，その個人以外に対しても相続税が課税されるのでしょうか。

A　遺言では，国・地方公共団体や法人など，あらゆる者に対して財産を渡すことができます。ただし，相続税は個人を納税義務者としているため，個人以外の者は原則として相続税の納税義務者にはなりません。

解説………………………………………………………………………………

(1)　原　則

　相続税の納税義務者は，住所地や国籍等に応じた「個人」とされています（相法1の3）。したがって，国や地方公共団体を含むすべての「法人等」については，相続税の納税義務者にならず，遺贈により財産を取得した場合においても，原則として相続税の申告を行う必要はありません。

　なお，この取扱いは，贈与税の納税義務者についても同様です。

(2)　例　外

　上記(1)のとおり，原則として相続税の納税義務者は「個人」とされていますが，一定の法人等については，その法人等へ財産を移すことで，相続税の課税を逃れ，その財産を私的に利用できる状態になる可能性があります。

　そのような租税回避を抑止するために，以下の法人については，個人とみなして相続税の納税義務者とされます（具体的な課税関係は後記**16**以下参照）。

① 　人格のない社団等

② 　持分の定めのない法人のうち一定の場合

③ 　特定の一般社団法人等

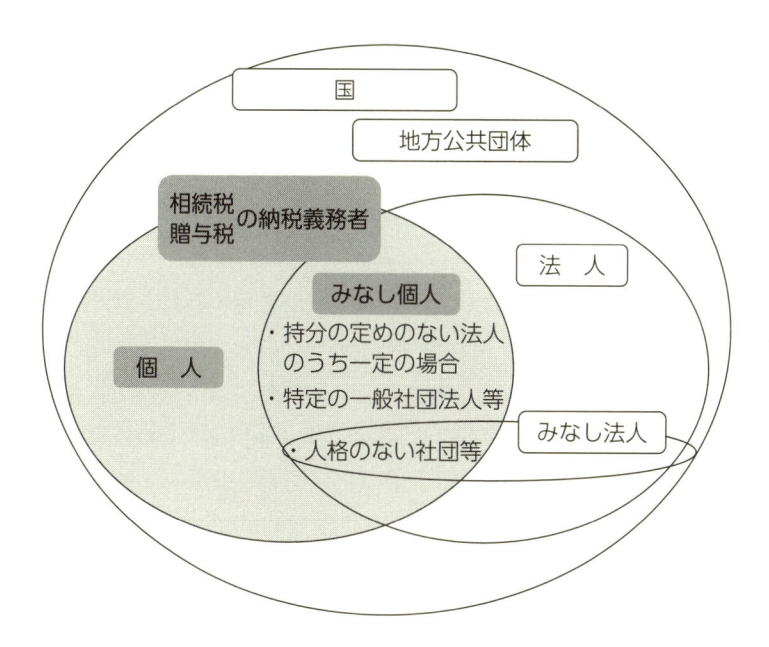

16 一般法人への遺贈

Q 私は父が生前に起業した会社の代表取締役を務めていますが，父が
その会社に対して遺産の一部を遺贈する旨の遺言書を作成していました。
法人は相続税の申告をする必要はありますか。また，法人への遺贈財産は
相続財産となりますか。

A 相続税法において，相続人は原則として自然人のみとされています。し
たがって，法人は相続税の納税義務者とならないため，申告義務はありません。
また，法人へ遺贈された財産は相続財産からも除外されるため，法人以外の個
人は，個人が相続又は遺贈で取得した財産に基づき相続財産の総額を計算しま
す。

解説 ……………………………………………………………………………………

(1) 法人の納税義務

　相続税の納税義務者は，その居住地等に応じて区分されていますが，すべて
個人を対象としており，法人は納税義務者に含まれません（相法1の3）。し
たがって，法人に対して財産を遺贈する旨の遺言があり，法人が実際にその財
産を受領した場合でも，相続税の申告を行う必要はありません。

　また，相続税の課税財産の範囲については，相続税の納税義務者となる個人
が，相続又は遺贈で取得した財産のうち，納税義務者の区分に応じた一定の財
産とされています（相法2）。

　ここで注意しなければならないのが，法人が遺贈によって取得した財産は，
相続税の課税財産に含まれない点です。つまり，納税義務者となる個人は，総
遺産のうち，法人への遺贈財産を除外した財産額をもとに相続税の計算を行い

ますので，個人が取得した財産額の合計が，相続税の基礎控除額を下回る場合には，相続税の申告が不要になるケースもあります。

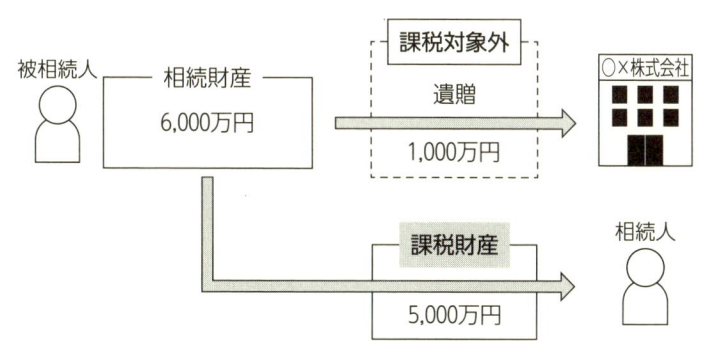

相続人3人：基礎控除額　4,800万円＜5,000万円　申告必要
相続人4人：基礎控除額　5,400万円＞5,000万円　申告不要

(2)　法人に対する遺贈を行った際の課税関係

被相続人が，法人に対して財産を遺贈する遺言を遺している場合，思いもよらず法人税などが課税されることがあります。遺言を確認して，法人への遺贈があったときは，遺贈する財産の種類や，各税目の申告期限にも注意しながら，早急に対応しましょう。

①　法人に対する課税関係

上記(1)のとおり，法人は遺贈で財産を取得しても相続税が課税されることはありません。しかし，課税関係が生じないままですと，法人への遺贈寄附が，相続税逃れに利用される可能性があります。そこで，法人税法では，無償による資産の譲受けについて，益金に算入する旨規定しています（法法22②）。

遺贈を受けた法人は，相続開始日の属する事業年度の所得の計算上，遺贈を受けた財産の価額を益金の額に算入することとなります。

②　被相続人に対する課税関係

被相続人が，法人に対して，譲渡所得の基因となる資産など一定の資産を遺贈したときは，遺贈を受けた法人だけではなく，遺贈を行った被相続人に対しても所得税が課税される場合があります（所法59①）。法人に対して，資産は

無償で移転していますが，時価（市場流通価額）で法人へ譲渡したものとみなして，譲渡所得税の計算を行うこととなります。なお，時価（市場流通価額）がその資産を取得した価額よりも低い場合には，譲渡益は発生しませんので，譲渡所得税は課税されません。

また，通常，譲渡所得税は，譲渡益に対して，所得税と住民税が課されます。しかし，このケースでは，住民税の課税時期である翌年1月1日において，被相続人は既に亡くなっているため，住民税の課税は行われません。

このみなし譲渡所得課税に係る申告は，被相続人が行うべきものではありますが，既に亡くなっているため，その納税義務を承継する相続人が，相続の開始があったことを知った日の翌日から4か月以内に行わなければなりません（準確定申告，所法124）。なお，この準確定申告において納税すべき所得税額は，被相続人に係る相続税の課税価格計算上，債務として控除することができます（相法13①一，14②，相令3①一）。

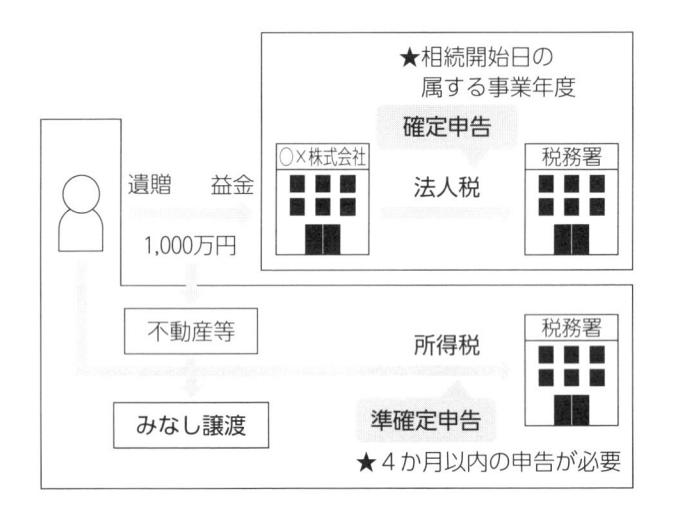

③ 遺贈する法人が同族法人の場合

法人が遺贈により財産を取得すると，その法人の株式又は出資の価額が上昇する場合があります。その法人が，被相続人の同族法人である場合，遺贈により上昇した株価相当額については，被相続人からその法人の株主への遺贈とみ

なされて，相続税が課税されます（相法9，相基通9－2）。

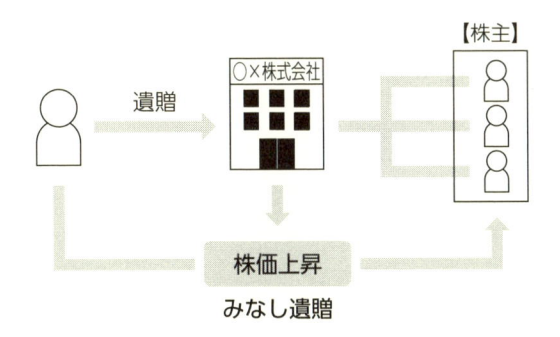

17 公益法人や社団法人等への遺贈

Q 私の財産の一部を公益法人へ遺贈したいと考えています。公益法人であれば税金は発生しないと考えてよろしいですか。

A 相続税は，原則として法人には課税されません。また，公益法人認定法[1]に基づく公益認定を受けた公益法人の収益事業に該当しない事業から生ずる所得は，法人税も課税されないこととされています。ただし，一定の場合には，法人への遺贈に対して課税関係が生じるケースがあるため，事前に課税されない要件を満たすか確認が必要です。

解説……………………………………………………………………………………

(1) 遺贈を受ける公益法人等の課税関係

相続税は，個人に対する課税を原則としていますので，法人については，通常相続税が課税されることはありません（相法1の3）。また，法人税についても，公益法人等が遺贈を受けた金額（受贈益）は収益事業に該当しないことから，課税されないこととされています（法法4①，6）。

ただし，このような課税関係を利用して，遺贈をした人の親族等の相続税が不当に減少する結果となると認められる場合には，その法人を個人とみなして課税されるケースがあります（相法66④⑥）。

① 持分の定めのない法人（相法66④）

持分の定めのない法人とは，以下に掲げる法人をいい[2]，具体的には一般社団法人，一般財団法人，学校法人，社会福祉法人，更生保護法人，特定非営利

---

1 公益社団法人及び公益財団法人の認定等に関する法律

活動法人，宗教法人，持分の定めのない医療法人などをいいます。

　イ　定款，寄附行為若しくは規則（これらに準ずるものを含む。以下「定款等」
　　といいます。）又は法令の定めにより，その法人の社員，構成員（その法人へ
　　出資している者に限る。以下「社員等」といいます。）がその法人の出資に係
　　る残余財産の分配請求権又は払戻請求権を行使することができない法人
　ロ　定款等に，社員等がその法人の出資に係る残余財産の分配請求権又は払戻請
　　求権を行使することができる旨の定めはあるが，そのような社員等が存在しな
　　い法人

　持分の定めのない法人は，あくまでも法人ですので，原則として相続税や贈
与税の納税義務者にはなりません。

　しかし，持分の定めのない法人を利用した租税回避行為について防止するた
め，相続税法では次のような取扱いが定められています。

イ　その法人に対して，贈与や遺贈を行った者の親族，その他特別の関係があ
　る者の相続税又は贈与税の負担が不当に減少する結果になる場合には，その
　法人は個人とみなされ，相続税や贈与税の納税義務者となります（相法66④，
　相令33③④）。

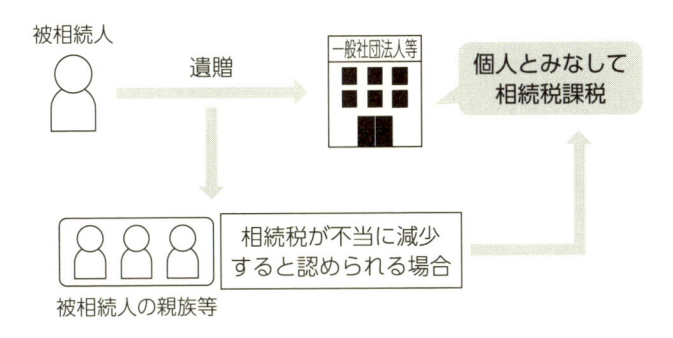

2　平成20年7月25日付国税庁「「贈与税の非課税財産（公益を目的とする事業の用に供する財
　産に関する部分）及び公益法人に対して財産の贈与等があった場合の取扱いについて」（法令
　解釈通達）の一部改正のあらまし（情報）」13

ロ　法人が個人とみなされて課税されるケースとは異なりますが，持分の定めのない法人へ財産の贈与又は遺贈を行うことで，その法人の設立者や社員等並びに贈与や遺贈を行った人又はこれらの親族等が，その法人から特別の利益を受ける場合には，贈与又は遺贈を行った人から，その利益を受ける人が，その受ける利益の価額に相当する金額を贈与又は遺贈により取得したものとみなして課税されます（相法65）。

特別の利益を遺贈したとみなす

② 　特定の一般社団法人等

　一般社団法人等のうち，以下の要件のいずれかを満たす一般社団法人等（以下「特定一般社団法人等」といいます。）の理事である人[3]（以下「被相続人」といいます。）が亡くなった場合，次の金額をその被相続人から遺贈により取得したものとみなして，その特定一般社団法人等を個人とみなした上で相続税が課税されます（相法66の2①）。

　イ　特定一般社団法人等の要件（いずれかを満たす場合，相法66の2②三）

・相続開始直前の同族理事数／総理事数＞1／2

・相続開始前5年以内のうち，「同族理事数／総理事数＞1／2」の期間が3年以上あること

　ロ　遺贈により取得したとみなされる金額

特定一般社団法人等の純資産額／（死亡時における同族理事数＋1）

　（注）　同族理事とは，一般社団法人等の理事のうち，被相続人又はその配偶者，三親等内の親族その他被相続人と特殊の関係のある人をいいます（相法66の2②二，相令34③）。

3　理事を退任した後，5年を経過していない人を含みます。

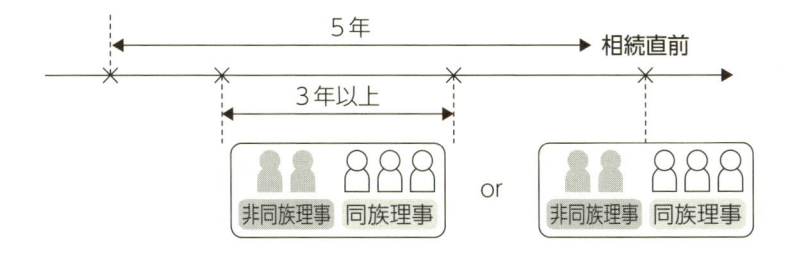

(2)　公益法人等に財産を寄附した場合の譲渡所得等の非課税特例

　被相続人が，公益法人等に対して，譲渡所得の基因となる資産など一定の資産を遺贈する場合には，遺贈を行った被相続人に対して所得税が課税されます（所法59①）（前記**16**(2)②参照）。

　しかし，公益目的事業の促進を促すという趣旨の下，寄附先の法人が公益目的事業を行う法人として国税庁長官の承認を受ける場合には，その財産の遺贈はなかったものとみなされ，被相続人への譲渡所得課税は行われません（措法40①後段）。なお，この特例は，公益法人等を設立するための財産提供の場合においても適用を受けることができます。また，国や地方公共団体に対する寄附の場合にも，同様に非課税となります（措法40①前段）。

○　承認申請期限

　この特例の適用を受けるためには，相続人及び包括受遺者が，被相続人の納税地の所轄税務署に対して，寄附の日から4か月以内に「租税特別措置法第40条の規定による承認申請書」を提出しなければなりません。

　なお，この期限以前に，寄附日の属する年分の所得税の確定申告期限が到来する場合には，その申告期限までに申請が必要です。つまり，遺贈による寄附について，この特例を適用する場合，通常は準確定申告の期限[4]までに申請が必要です。したがって，遺言執行者についても迅速に寄附手続を行うことが重要となります。

4　相続の開始があったことを知った日の翌日から4か月以内です。

78

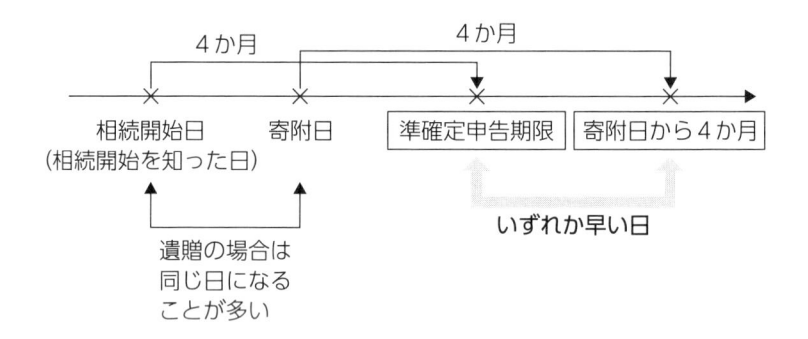

18　相続財産の寄附

Q　相続した財産の一部を公益法人へ寄附したいと考えていますが，相続税は軽減されるのでしょうか。

A　相続又は遺贈により取得した財産を，相続税の申告期限までに一定の法人等に寄附した場合には，その寄附をした財産は相続税が非課税とされる場合があります。ただし，寄附した財産が非課税となる寄附先は限定されているため，その寄附先が対象の法人かについて事前に確認しておくことが大切です。

解説..

⑴　国等に対して相続財産を贈与した場合の相続税の非課税等

　相続又は遺贈で取得した財産を，相続税の申告期限までに一定の法人等に対して贈与した場合には，その財産に係る相続税が非課税となります（措法70①）。この特例は厳格に要件が規定されているため，その注意点について解説します。

①　相続税の申告期限までに寄附をしなければならない

　この特例の適用を受けるためには，相続税の申告期限までに寄附を終えていることを要します。例えば，不動産など現金以外の財産を寄附しようと考えた場合，受け入れ先において手続に時間を要するケースや，現金以外の寄附は受け入れないというケースもあり得ます。寄附の完了が申告期限後になると非課税の適用は受けられないため，寄附を行おうと考えた場合，必要な期間の確認や寄附先の意向についても確認しなければなりません。

②　相続財産をそのまま寄附しなければならない

　相続人等が本特例の適用を考えて，金銭ではなく，不動産等の寄附をする場合，換金後の寄附を求められるケースがよくあります。しかし，本特例は「相

続又は遺贈で取得した財産」の寄附について適用が受けられるものです。換金した後の金銭は、「相続又は遺贈で取得した財産」に当たらないため、本特例の適用は受けられません。したがって、寄附をする財産についても本特例の対象となるかを確認の上、実行する必要があります。

③　特例が適用できる対象法人等

　本特例の適用を受けるためには、要件を満たす寄附先に対して寄附をしなければなりません。その寄附先は以下に限る旨定められています（措法70①、措令40の3）。

　これらの寄附先に該当していない場合には、本特例の適用は受けられませんから、寄附をする前に適用対象法人に該当するかについても確認する必要があります。

　なお、宗教法人は、本特例の対象法人等には含まれていませんので注意が必要です（相続税の課税対象とはなりません。）（前記**17**(1)参照）。

　イ　国又は地方公共団体
　ロ　独立行政法人
　ハ　国立大学法人及び大学共同利用機関法人
　ニ　一定の地方独立行政法人
　ホ　公立大学法人
　ヘ　自動車安全運転センター、日本司法支援センター、日本私立学校振興・共済事業団、日本赤十字社及び福島国際研究教育機構
　ト　公益社団法人及び公益財団法人
　チ　一定の私立学校法人
　リ　社会福祉法人
　ヌ　更生保護法人
　ル　認定NPO法人

---

④　申告書への記載事項等

　本特例の適用を受けるためには、相続税の申告書に本特例の適用を受ける旨の記載をした上で、国、地方公共団体又は特定の公益法人が発行した以下の内容が記載された書類を添付しなければなりません（措法70⑤、措規23の3②）。

地方独立行政法人又は私立学校法人の場合には，以下の書類のほか，本特例の適用を受けることができる法人に該当することについて所轄庁が証明した書類が必要です。これらの書類の添付漏れにより，非課税の適用が認められなかった事例[5]もあるため，重要な書類となります。

　イ　寄附を受けた旨
　ロ　寄附年月日
　ハ　寄附財産の明細
　ニ　寄附財産の使用目的

---

(2)　適用除外

　上記(1)のとおり，本特例は限られた法人等に対して，相続財産の寄附をすることによって，相続税が非課税となります。ただし，この寄附の結果，その贈与を行った人やその親族等の相続税又は贈与税の負担が不当に減少する結果と認められる場合には，非課税の適用を受けることができません。

　また，寄附先の対象となる法人が，その寄附を受けた日から2年を経過した日までに対象法人に該当しないこととなった場合や，寄附を受けた財産を同日までに公益目的の事業の用に供していない場合にも非課税の適用は受けられません（措法70②）。

　そのほか，法人を設立するために行った寄附や認定を受けていないNPO法人への寄附も適用を受けることができないため，注意を要します。

(3)　所得税との関係

　所得税法では，寄附金控除という所得控除が設けられています（所法78）。これは国や地方公共団体，特定公益増進法人等に対して，寄附金を支出した場合に，一定の金額について所得控除ができる制度[6]です。

5　東京地判平成25年2月22日（税資263号順号12153）（最決平成26年1月16日（税資264号順号12385）上告棄却不受理）
6　一定の場合には税額控除が適用できる場合もあります。

　近年では，「ふるさと納税」という寄附を仄聞しますが，これは所得税の寄附金控除の対象となり，また，住民税における寄附金税額控除の対象となります（地税法37の2①，314の7①）。地方公共団体は，上記(1)の相続財産の対象寄附先に含まれることから，相続税の計算上，地方公共団体へ寄附をした額は相続税が非課税となり，かつ，寄附者（相続人）は，所得税や住民税の計算上，ふるさと納税を利用した節税が可能になります。

　なお，地方公共団体以外の寄附先でも，寄附金控除の対象となる法人等への寄附であれば，同様の節税が可能ですので，相続財産の寄附先の選定をする際には，寄附金控除の対象先も確認しておくとよいでしょう。

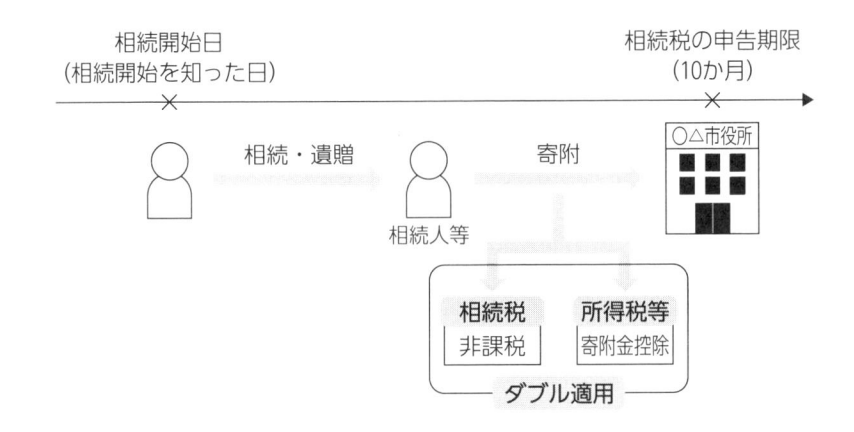

第 **4** 章

相続税額の計算

19 小規模宅地等の特例

Q 私は，自宅と賃貸アパート3棟を所有しており，推定相続人は私の妻と子供3人です。自宅や不動産賃貸を行っている土地については，相続税の計算上，その評価額を割り引く特例があると聞きました。

A ご質問の制度は，「小規模宅地等の特例」といいます。被相続人が事業や居住の用に供していた宅地等につき一定の要件を満たすものについて，宅地等の相続税評価額を80％又は50％減額するという特例です。

解説 ………………………………………………………………………

(1) 小規模宅地等の特例の概要

次の要件を満たす宅地等[1]については，相続税の計算上，一定の面積まで相続税評価額を80％又は50％減額することができます。

> ・個人が相続又は遺贈により取得した宅地等であること。
> ・その宅地等は，建物又は構築物の敷地として利用されていること。
> ・建物又は構築物の敷地として利用されている宅地等のうち，被相続人等[2]の居住の用又は事業の用に供されているものとして，一定の要件[3]を満たす宅地等であること。
> ・特例の対象となり得る宅地等を取得した相続人・受遺者全員の合意により，小規模宅地等の特例の適用を受けるものとして選択を行っていること。
> ・特例の適用を受けるものとして選択した宅地等のうち，限度面積要件[4]を満たしていること。

---

1 土地及び借地権等の土地の上に存する権利をいいます。
2 被相続人又は被相続人と生計を一にしていた被相続人の親族をいいます。

　小規模宅地等の特例は，特例対象宅地等の選択，特例の適用を受けられるか否かにより，相続税額が数百万円，数千万円単位で変わることもあるため，特例の適用を受けるための検討や特例の適用を受けるための手続について正確を期すことを要します。

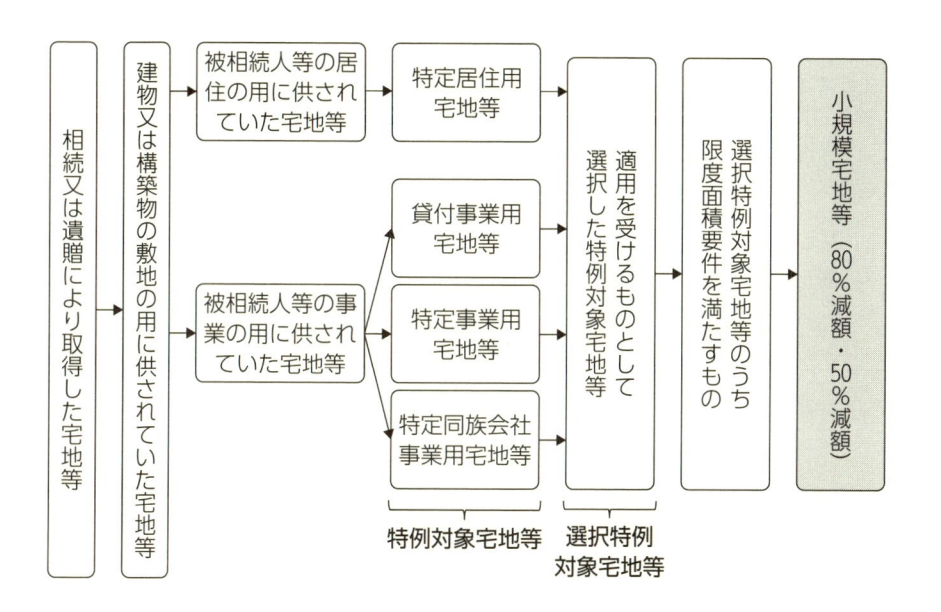

3　一定の要件については，後記(3)を参照してください。
4　限度面積要件については，後記(2)を参照してください。

(2) 特例の適用を受けられる限度面積・減額割合

各区分に応じ，次の表のとおり定められています。

相続開始の直前における宅地等の利用区分				要 件	限度面積	減額される割合
被相続人等の居住の用に供されていた宅地等			①	特定居住用宅地等に該当する宅地等	330㎡	80%
被相続人等の事業の用に供されていた宅地等	貸付事業用の宅地等	被相続人等の貸付事業用の宅地等	②	貸付事業用宅地等に該当する宅地等	200㎡	50%
		一定の法人に貸し付けられ，その法人の事業（貸付事業を除く。）用の宅地等	③	特定同族会社事業用宅地等に該当する宅地等	400㎡	80%
			④	貸付事業用宅地等に該当する宅地等	200㎡	50%
		一定の法人に貸し付けられ，その法人の貸付事業用の宅地等	⑤	貸付事業用宅地等に該当する宅地等	200㎡	50%
	貸付事業以外の事業用の宅地等		⑥	特定事業用宅地等に該当する宅地等	400㎡	80%

なお，被相続人が，特定事業用宅地等・貸付事業用宅地等などの複数の特例区分の宅地等を所有していた場合の限度面積については，一定の調整計算を行った限度面積の範囲内でのみ，特例の適用が可能です。

(3) 主な特例対象宅地等の内容

小規模宅地等の特例は，被相続人の残された親族の生活基盤の確保をその制度趣旨としています。主な特例対象宅地等の要件は，それぞれ相続開始直前と申告期限の二時点に分けてその要件が定められています。

①　特定居住用宅地等（被相続人の配偶者取得：措法69の4③二）

相続開始　　　　　　　　　申告期限

イ　**相続開始直前に被相続人等の居住の用**^{（※）}**に供されていた宅地等**
（※）被相続人が老人ホームに入居していた場合
（イ）被相続人が要介護認定・要支援認定を受けていた。
（ロ）養護老人ホーム等の一定の施設に入居。
➡居住の用に供されなくなる直前の被相続人の居住の用を含む。
ロ　**取得者要件**
配偶者の取得であること。

②　特定居住用宅地等（被相続人の同居親族取得：措法69の4③二イ）

相続開始　　　　　　　　　申告期限

イ　**相続開始直前に被相続人等の居住の用**^{（※）}**に供されていた宅地等**
（※）被相続人が老人ホームに入居していた場合（上記①イ(イ)(ロ)と同様）
ロ　**取得者要件**
被相続人の居住の用に供されていた一棟の建物に居住していた親族（≒同居親族）であること。
ハ　**居住継続要件**
相続開始直前から相続税の申告期限まで引き続きその建物に居住していること。
ニ　**保有継続要件**
相続開始時から相続税の申告期限まで保有していること。

③ 特定居住用宅地等（家なき子特例：措法69の4③二ロ）

相続開始　　　　　　　　申告期限

イ　相続開始直前に被相続人等の居住の用(※)に供されていた宅地等
　（※）被相続人が老人ホームに入居していた場合（前記①イ(イ)(ロ)と同様）
ロ　取得者要件
　配偶者・被相続人の居住の用に供されていた一棟の建物に居住していた人以外の親族であること。
ハ　その他の要件
　(イ)　居住制限納税義務者又は非居住制限納税義務者のうち日本国籍を有しない人ではないこと（納税義務者区分は前記**5**(1)参照）。
　(ロ)　被相続人に配偶者がいないこと。
　(ハ)　相続開始の直前において被相続人の居住の用に供されていた家屋に居住していた被相続人の相続人（相続の放棄があった場合には，その放棄がなかったものとした場合の相続人）がいないこと。
　(ニ)　相続開始前3年以内に日本国内にある取得者，取得者の配偶者，取得者の三親等内の親族又は取得者と特別の関係がある一定の法人が所有する家屋（相続開始の直前において被相続人の居住の用に供されていた家屋を除く。）に居住したことがないこと。
　(ホ)　相続開始時に取得者が居住している家屋を，相続開始前のいずれの時においても所有していたことがないこと。
　(ヘ)　その宅地等を相続開始時から相続税の申告期限まで保有していること。

④ 貸付事業用宅地等（措法69の4③四）

相続開始　　　　　　　　申告期限

イ　被相続人等の貸付事業の用に供されていた宅地等
　(イ)　相続開始前3年超，被相続人等の貸付事業の用に供されていた宅地等。又は，
　(ロ)　相続開始の日まで3年を超えて特定貸付事業を行っていた被相続人等が，相続開始前3年以内に新たに貸付事業の用に供した宅地等。
ロ　取得者要件
　被相続人の親族であること。
ハ　事業承継要件及び保有継続要件
　貸付事業用宅地等に係る事業承継要件及び保有継続要件は次のとおり。

区　分		特例の適用要件
被相続人の貸付事業の用に供されていた宅地等	事業承継要件	その宅地等に係る被相続人の貸付事業を相続税の申告期限までに引き継ぎ，かつ，その申告期限までその貸付事業を行っていること。
	保有継続要件	その宅地等を相続税の申告期限まで有していること。
被相続人と生計を一にしていた被相続人の親族の貸付事業の用に供されていた宅地等	事業継続要件	相続開始前から相続税の申告期限まで，その宅地等に係る貸付事業を行っていること。
	保有継続要件	その宅地等を相続税の申告期限まで有していること。

⑤　**特定事業用宅地等**（措法69の4③一）

相続開始　　　　　　　　　　　申告期限

イ　被相続人等の事業の用に供されていた宅地等
　⑷　相続開始前3年超，被相続人等の事業（不動産貸付業等及び準事業を除く。）の用
　　に供されていた宅地等。又は，
　㋺　被相続人等が一定の規模以上で行っていた事業（特定事業）の用に供されていた宅地等。
ロ　**取得者要件**
　　被相続人の親族であること。
ハ　**事業承継要件及び保有継続要件**
　　特定事業用宅地等に係る事業承継要件及び保有継続要件は次のとおり。

区　分		特例の適用要件
被相続人の事業の用に供されていた宅地等	事業承継要件	その宅地等の上で営まれていた被相続人の事業を相続税の申告期限までに引き継ぎ，かつ，その申告期限までその事業を営んでいること。
	保有継続要件	その宅地等を相続税の申告期限まで有していること。
被相続人と生計を一にしていた被相続人の親族の事業の用に供されていた宅地等	事業継続要件	相続開始の直前から相続税の申告期限まで，その宅地等の上で事業を営んでいること。
	保有継続要件	その宅地等を相続税の申告期限まで有していること。

⑥　**特定同族会社事業用宅地等**（措法69の4③三）

相続開始　　　　　　　　　　　申告期限

イ　一定の法人に貸し付けられ，その法人の事業（貸付事業を除く。）の用に供されていた宅地等
　　被相続人が特定同族会社へ賃貸借契約で宅地等又は建物及びその敷地を貸し付けている。
ロ　相続開始前の特定同族会社の事業の状況
　　特定同族会社がその宅地等の上で事業（不動産貸付業等及び準事業を除く。）を行っている。
ハ　取得者要件
　　宅地等を取得した親族が，相続税の申告期限においてその法人の役員であること。
ニ　保有継続要件
　　その宅地等を相続税の申告期限まで保有していること。
ホ　事業継続要件
　　相続税の申告期限まで引き続き，その法人の事業の用に供されていること。

(4)　**小規模宅地等の特例の注意点**

①　**被相続人の親族が，相続又は遺贈により取得した特例対象宅地等のみが特例の対象となる**

　　小規模宅地等の特例は，宅地等の取得者が被相続人の親族である場合のみ，

その適用を受けることができます。したがって，被相続人の親族以外の者が遺贈により取得した宅地等については特例の適用対象外となります。また，相続又は遺贈（死因贈与を含みます。）により取得した宅地等のみが特例の対象となるため，被相続人から贈与（死因贈与を除きます。）により取得した宅地等は特例の対象外となります。

② 特例の適用を受けるためには相続税の申告書の提出が必要

小規模宅地等の特例の適用を受けるためには，相続人・受遺者全員の相続税額がゼロとなる場合であっても，相続税の申告書の提出が必要となります（措法69の4⑦）。

③ 一度選択した特例対象宅地等の選択替えは認められない

小規模宅地等の特例対象宅地等の選択について，原則として，相続税の申告期限後においては選択のやり直しをすることはできません。

④ 適用を受ける特例対象宅地等の選択については全員の合意が必要

小規模宅地等の特例対象宅地等の選択については，特例対象宅地等を取得したすべての者の合意が必要とされます（措法69の4①，措令40の2⑤）。特例対象宅地等につき遺産分割が確定していない場合，同特例の適用を受けることはできません（措法69の4④）。

ただし，相続税の申告期限において特例対象宅地等について遺産分割が確定していない場合であっても，一定の手続を経ることにより，特例対象宅地等の分割が行われた際に小規模宅地等の特例の適用を受けることができます（手続については後記**26**(2)参照）。

⑤ 取得費加算の特例を適用する場合

相続によって取得した土地を譲渡した場合，相続税額のうち一定の金額を取得費に加算することができます（後記**57**参照）。この場合，譲渡の対象となる土地に小規模宅地等の特例を適用すると，その土地に係る相続税額が減少するため，取得費に加算する相続税相当額も減少することになります（後記**57**(3)参照）。

20　配偶者に対する相続税額の軽減

> **Q**　配偶者は，遺産を取得してもほとんど相続税がかからない制度があると聞きました。

A　ご質問の制度は，「配偶者に対する相続税額の軽減」といいます。この制度は，被相続人の配偶者について一定額までは財産を取得しても相続税がかからないようにするための相続税の税額控除をその内容とします。

　この特例は，未分割の財産に対して適用できないことから，申告期限までに遺産分割が行われない場合には，一定の手続を行うとともに，未分割の財産が分割された場合には，期限内に更正の請求の手続を行うことに注意を要します。

解説‥‥

(1)　相続税の計算の仕組み

　相続税の計算は，大きく以下の四つの段階に分けて行います（後記**24**(1)①参照）。

①　各相続人・受遺者ごとに取得した財産（みなし相続財産・みなし遺贈財産や，相続時精算課税適用財産・暦年課税贈与の生前贈与加算を含みます。）や負担する債務・葬式費用を集計し，各人ごとの正味の財産（課税価格）を合計して，課税価格の合計額を計算します。

②　①で計算した課税価格の合計額から基礎控除額を差し引いて，課税される遺産の総額を計算し，各相続人が民法に定める法定相続分に従って取得したものと仮定して求めた各相続人ごとの取得金額に税率を乗じて各相続人ごとの税額を計算します。

③　②で計算した各人の相続税額を合算して相続税の総額を計算し，各人ごと

の正味の財産の比率に応じ，相続税の総額を配分します。また，財産を取得した者の中に被相続人の孫や兄弟姉妹など，被相続人の一親等の血族及び配偶者以外の人がいる場合には，相続税額の2割加算が行われます。これは，偶然性の高い財産の取得は，より担税力が高いこと等を鑑みた措置となっています。

④　③で配分された各人ごとの相続税額に対し，適用できる相続税の税額控除がある場合には適用します。税額控除は，二重課税の排除や各人ごとの担税力に応じた税負担額に調整することを目的としています。税額控除は，以下の順番に従い適用することが定められています。

> ・贈与税額控除（暦年課税贈与）
> ・配偶者に対する相続税額の軽減
> ・未成年者控除
> ・障害者控除
> ・相次相続控除
> ・外国税額控除
> ・贈与税額控除（相続時精算課税贈与）

(2)　配偶者に対する相続税額の軽減

　配偶者に対する相続税額の軽減とは，被相続人の配偶者が相続又は遺贈により取得した相続税を計算する上での正味の財産額が，次のいずれか多い金額までは，配偶者に相続税がかからないようにするための相続税の税額控除です（相法19の2①）。

・1億6,000万円
・配偶者の法定相続分相当額

(3)　配偶者に対する相続税額の軽減の注意点

①　相続税の申告書の提出が必要

　配偶者に対する相続税額の軽減の適用を受けるためには，相続税額がゼロとなる場合であっても，相続税の申告書の提出が必要となります。なお，申告書

については，期限後に提出する申告書や従前に提出した相続税申告書の修正申告書等も含まれます（相法19の２③）。

②　二次相続の相続税額も考慮

前述のとおり，配偶者に対する相続税額の軽減を適用することにより相続税の納税額は減少します。しかし，税額軽減があるからと配偶者に多くの財産を取得させると，残された配偶者に二次相続が発生した場合に，配偶者固有の財産に相続等により取得した財産が上乗せされ，多額の相続税額が課されることもあります。相続税の納税が見込まれる場合，配偶者が相続等により取得する財産の額については，一次相続と二次相続を通して検討することが好ましいといえます。

③　未分割の財産がある場合

配偶者に対する相続税額の軽減は，配偶者が相続又は遺贈により取得することが確定した財産の額をもとに計算します。このため，相続税の申告期限までに分割されていない財産は税額軽減の対象となりません（相法19の２②）。

相続税に関する特例は，相続税の申告期限までに遺産分割の内容が確定していることを要件とするものが複数あります。相続税の申告期限までに遺産分割の内容が確定しない場合，各種特例の適用を受けることができず，一時的であっても多額の相続税の納税が必要となる場合もあり注意を要します。

④　未分割の場合に必要とされる手続

相続税の申告期限において財産が未分割の場合，一定の手続を経ることにより，財産の分割が行われた際に配偶者に対する相続税額の軽減の適用を受けることができます（手続については後記**26**(2)参照）。

⑤　未分割の財産が分割された場合の更正の請求の手続

未分割の財産が分割された場合には，更正の請求を行うことにより配偶者に対する相続税額の軽減を受けることができます。なお，その請求には，一定の期間が定められていることから，適用期限を徒過しないよう注意を要します（後記**26**(3)①参照）。

21 未成年者控除・障害者控除

> **Q** 未成年者や障害者は，相続税の計算上，一定の控除があると聞きました。

A ご質問の控除は「未成年者控除」,「障害者控除」といいます。この制度は，未成年者については18歳に達するまでの年数×10万円を，障害者については85歳に達するまでの年数×10万円（特別障害者は20万円）を控除することとされています。

これらの控除は，配偶者に対する相続税額の軽減と異なり，財産が未分割であったとしても適用を受けることができます。

なお，未成年者自身又は障害者自身が財産を取得しない場合は，この控除を受けることができません。

解説 ··

(1) 相続税の計算における控除する順番

未成年者控除及び障害者控除は，7種類ある相続税の税額控除のうち3番目と4番目に適用する税額控除となっています。相続税の計算における税額控除をする順番は，前記**20**(1)④及び後記**24**(1)①を参照してください。

(2) 未成年者控除

① 未成年者控除の概要

未成年者が相続又は遺贈により財産を取得した場合，その後の養育費等の負担を考慮し，相続開始時から18歳に達するまでの年数1年当たり10万円を相続税額から控除します（相法19の3）。

②　適用要件

未成年者控除は，次の３点を適用要件とします。

> ・相続又は遺贈により財産を取得した個人で，居住無制限納税義務者，非居住無
> 　制限納税義務者又は特定納税義務者[※1]であること。
> ・民法第５編第２章の規定による相続人（相続の放棄があった場合には，その放
> 　棄がなかったものとした場合における相続人）であること。
> ・相続開始時において18歳未満（令和４年３月31日以前は20歳未満）の人である
> 　こと。

（※１）　居住無制限納税義務者・非居住無制限納税義務者については前記 **5** (1)を，特定納
　　　　税義務者については後記**23**を参照。

③　控除額

次の算式により計算した額を，未成年者の相続税額から控除します。

> 未成年者控除額＝10万円×〔18歳[※2]－相続開始時の年齢（１歳未満切捨て）〕

（※２）　令和４年３月31日以前開始相続に係る未成年者控除額の計算においては20歳です。

④　未成年者控除の注意点

イ　未成年者自身が財産を取得する必要があること

未成年者控除の適用を受けるためには，未成年者自身が相続又は遺贈により
財産（みなし相続財産・みなし遺贈財産を含みます。）を取得する必要があり
ます。したがって，例えば遺言により未成年者が財産を一切取得しないような
場合には，未成年者控除の適用を受けることはできません。

ロ　適用を受けるための相続税申告書の提出は不要

未成年者控除は，配偶者に対する相続税額の軽減とは異なり，その適用を受
けるために相続税申告書を提出する必要はありません。このため，未成年者控
除を適用した結果，相続人・受遺者全員の相続税額がゼロとなる場合には，相
続税申告は不要です。

ハ　未成年者自身の相続税額から控除しきれない場合

未成年者自身の相続税額から控除しきれない未成年者控除額がある場合（未

成年者控除額＞未成年者自身の相続税額の場合），未成年者の扶養義務者[5]の相続税額から，控除しきれない未成年者控除額を控除します。

　　二　未成年者が従前に未成年者控除を受けている場合

　未成年者が，従前に他の相続で未成年者控除の適用を受けている場合，一定の未成年者控除額の調整計算を行います。

(3)　障害者控除

①　障害者控除の概要

　障害者控除は，被相続人の死後に残された障害者の生活の安定に資する見地から，相続開始時から85歳に達するまでの年数１年当たり，一般障害者については10万円を，特別障害者については20万円を相続税額から控除します（相法19の４）。

②　適用要件

　障害者控除は，次の３点を適用要件とします。

・相続又は遺贈により財産を取得した個人で，居住無制限納税義務者又は特定納税義務者[(※3)]であること。
・民法第５編第２章の規定による相続人（相続の放棄があった場合には，その放棄がなかったものとした場合における相続人）であること。
・相続開始時において，85歳未満の障害者であること。

　（※３）　居住無制限納税義務者については前記 **5**(1)を，特定納税義務者については後記**23**を参照。

③　控除額

　　イ　一般障害者の場合

障害者控除額＝10万円×〔85歳－相続開始時の年齢（１歳未満切捨て）〕

5　扶養義務者とは，配偶者並びに民法877条の規定による直系血族及び兄弟姉妹並びに家庭裁判所の審判を受けて扶養義務者となった三親等内の親族をいいますが，このほか三親等内の親族で生計を一にする人については，家庭裁判所の審判がない場合であってもこれに該当するものとして取り扱われます（相基通１の２－１）。後記(3)の障害者控除の扶養義務者も同様です。

ロ　特別障害者の場合

障害者控除額＝20万円×〔85歳－相続開始時の年齢（1歳未満切捨て）〕

④　障害者の定義

イ　一般障害者の定義（相基通19の4－1）

・精神障害者保健福祉手帳の障害者等級が2級又は3級である人

・身体障害者手帳の障害者等級が3級から6級までである人　等

ロ　特別障害者の定義（相基通19の4－2）

・精神障害者保健福祉手帳の障害者等級が1級である人

・身体障害者手帳の障害者等級が2級以上の人　等

⑤　障害者控除の注意点

イ　障害者自身が財産を取得する必要があること

障害者控除の適用を受けるためには、障害者自身が相続又は遺贈により財産（みなし相続財産・みなし遺贈財産を含みます。）を取得する必要があります。

したがって、障害者自身が財産を一切取得しないような場合には、障害者控除の適用を受けることはできません。

ロ　適用を受けるための相続税申告書の提出は不要

障害者控除は、配偶者に対する相続税額の軽減とは異なり、その適用を受けるために相続税申告書を提出する必要はありません。このため、障害者控除を適用した結果、相続人・受遺者全員の相続税額がゼロとなった場合には、相続税申告は不要となります。したがって、相続人の中に年少の障害者がいるような場合には、障害者控除によりそもそも相続税申告が不要となる場合があります。

ハ　相続開始時に障害者手帳の交付を受けていない場合

相続開始時において精神障害者保健福祉手帳の交付を受けていない人、身体障害者手帳の交付を受けていない人等であっても、相続税の期限内申告書を提出する時において、これらの手帳の交付を受けているか又はこれらの手帳の交付を申請中であり、かつ、一定の資格を有する医師の診断書により、相続開始の時の現況において明らかにこれらの手帳に記載される程度の障害があったこと

認められる場合には，相続税の障害者控除の適用を受けることができます（相基通19の４－３）。

ニ　障害者が未成年者である場合

障害者が18歳未満（令和４年３月31日以前開始相続においては20歳未満）である場合には，未成年者控除と障害者控除の重複適用が可能です。

ホ　障害者自身の相続税額から控除しきれない場合

障害者自身の相続税額から控除しきれない障害者控除額がある場合（障害者控除額＞障害者自身の相続税額の場合），障害者の扶養義務者の相続税額から，控除しきれない障害者控除額を控除します。

ヘ　障害者が従前に障害者控除を受けている場合

障害者が，従前に他の相続で障害者控除の適用を受けている場合，一定の障害者控除額の調整計算を行います。

22 相次相続控除

> **Q** 短期間のうちに連続して相続が開始した場合，相続税の計算上一定の控除があると聞きました。

A ご質問の控除は「相次相続控除」といいます。この控除は，10年以内に2回以上の相続が発生し，それぞれの相続において相続税が課された場合には，前回の相続において課された相続税額のうち一定額を，後の相続において課される相続税額から控除することとされています。

解説 ··

(1) 相続税の計算における控除する順番

相次相続控除は，7種類ある相続税の税額控除のうち5番目に適用する税額控除となっています（相続税の計算における税額控除をする順番は，前記**20**(1)④及び後記**24**(1)①参照）。

(2) 相次相続控除の概要

短期間のうちに連続して相続が発生した場合，同一の財産について重複して相続税の課税を受けることとなります。この場合，ある相続から次の相続までの期間が長かった人と短かった人との間で相続税の負担に差異が生じます。

相次相続控除とは，このような相続税負担の相違の調整を図るため，10年以内に2回以上の相続が発生し，それぞれの相続において相続税が課された場合，前回の相続において課された相続税額のうち一定額を後の相続において課される相続税額から控除し，その負担調整を図ることを目的とした制度です（相法20）。

⑶ 適用要件

相次相続控除の適用要件は以下のとおりです。

一次相続 　　　　　　二次相続

① 一次相続
● 二次相続の被相続人が，相続人として相続又は遺贈により財産（相続時精算課税適用財産を含む。）を取得していること。
● 一次相続によって取得した財産について相続税が課税されていること。

② 二次相続
● 一次相続開始から二次相続開始までの期間が10年以内であること。
● 二次相続の相続人が相続又は遺贈により財産を取得していること。

※相続を放棄した人及び相続権を失った人については相続人でないため，その人が遺贈により取得した財産があるとしても相次相続控除の適用はない。

⑷ 控除額

以下の算式により計算した金額を，障害者控除（前記**21**参照）を控除後の相続税額から控除します。

$$A \times \frac{C}{B-A} \left(\frac{100}{100} \text{を超えるときには} \frac{100}{100} \right) \times \frac{D}{C} \times \frac{10-E}{10}$$

一次相続→二次相続で 財産が増えた・減ったの判定　　　各相続人に控除額を配分　時の経過を反映する部分

A：二次相続の被相続人が一次相続で取得した財産[※1]について課せられた相続税額[※2]
　　（※1）相続時精算課税適用財産を含む。
　　（※2）贈与税額控除（相続時精算課税分）を控除後の相続税額。この贈与税額は贈与税の外国税額控除前の税額とする。また，附帯税を除く。
B：二次相続の被相続人の，一次相続の際の純資産価額
C：二次相続によって財産を取得した人全員の，純資産価額の合計額
D：控除対象者（相続人）の，二次相続における純資産価額
E：一次相続開始時から二次相続開始時までの年数（1年未満の端数切捨て）

(5)　申告書等閲覧サービス

　相次相続控除は，一次相続の際の相続税申告書に記載された情報が必要となります。しかし，相続税申告書を紛失している場合もあるでしょう。このような場合には，一次相続の相続税申告書の提出先（後記**24**(3)参照）の税務署において，申告書等閲覧サービスを利用することにより，当時の相続税申告の内容を確認することができます。

23 税額控除と制限納税義務者

Q 相続税の税額控除のうち，制限納税義務者が適用を受けられない規定はありますか。

A 未成年者控除は，無制限納税義務者のみに適用があります。

障害者控除は，居住無制限納税義務者及び日本に住所のある特定納税義務者[6]のみ適用があります。

解説..

(1) 納税義務者の区分による税額控除の適用可否

各税額控除の規定について，その適用可否は次表のとおりです。

	居住無制限 納税義務者	非居住無制限 納税義務者	居住制限 納税義務者	非居住制限 納税義務者
配偶者に対する 相続税額の軽減 （相法19の2）	○	○	○	○
未成年者控除 （相法19の3）	○	○	×	×
障害者控除 （相法19の4）	○	×	×	×

---

6 「特定納税義務者」とは，居住無制限納税義務者，非居住無制限納税義務者，居住制限納税義務者及び非居住制限納税義務者のどの区分にも属せず，相続又は遺贈によって財産を取得しなかった個人で，被相続人から相続時精算課税の適用を受ける財産を贈与により取得していた人をいいます（「相続税法（基礎編）令和6年度版」国税庁税務大学校講本）。

⑵　未成年者控除

　未成年者控除は，対象となる相続人及び受遺者が無制限納税義務者である場合に適用されます。

　ただし，被相続人が米国籍又は米国国内に住所を有していた場合には，未成年者が制限納税義務者であったとしても，未成年者控除の適用を受けることができます。なお，その控除額については一定の調整計算が行われます（日米相続税条約4）。

⑶　障害者控除

　障害者控除は，対象となる相続人及び受遺者が居住無制限納税義務者又は特定納税義務者である場合に適用されます。

　ただし，被相続人が米国籍又は米国国内に住所を有していた場合には，障害者が居住無制限納税義務者以外である場合（非居住無制限納税義務者又は制限納税義務者）であったとしても，障害者控除の適用を受けることができます。なお，その控除額については一定の調整計算が行われます（日米相続税条約4）。

⑷　外国税額控除（相続税）

　国をまたいだ相続においては，同一の相続及び相続財産について，2か国以上で相続税が課されることがあります。その場合の国際間の二重課税を避けるため，一方の国で課された相続税は，他の国の相続税の計算上控除することができます（相法20の2）。

　なお，制限納税義務者については，日本に所在する財産のみが日本の相続税の課税対象となることから，外国税額控除の適用はありません。また，日本とアメリカの相続税及び贈与税については，日米相続税条約によって，両国間の二重課税を調整することとされています（日米相続税条約5）。

　さらに，外国税額控除の適用に当たり相続税申告書の提出は要件ではありません。よって，外国税額控除を適用することにより，相続税の申告自体が不要となる場合もあります。

⑸　外国税額控除の計算

　次のいずれか少ない金額を，算出相続税額（相次相続控除までの規定適用後の金額）から控除します。

①　財産所在地国の法令により課された相続税相当額

②　相次相続控除までの規定
適用後の算出相続税額 $\times \dfrac{\text{国外に所在する財産の価額}}{\substack{\text{相続又は遺贈により取得した財産のうち}\\ \text{相続税の課税価格に算入された財産の価額}}}$

第 5 章

相続税の申告・納税

24 申告スケジュール

Q 相続税申告のスケジュールと留意点を教えてください。

A 相続税の申告と納税は，相続人等が相続の開始があったことを知った日の翌日から10か月以内に終える必要があります。相続税計算上の各種特例の適用に当たり，遺産分割協議が成立していることを前提とするものも複数あることから，この期日までに遺産分割協議を成立させる方が好ましいといえます。

また，特別代理人や成年後見人の選任と相続税申告の両方が必要となる事案では，一連の手続に関するスケジュールがタイトになるため，相続税申告を担当する税理士との密な連携が大切です。

解説 ··

⑴ 相続税の申告書を提出すべき者等

① 相続税の申告書の提出義務者（相法27①）

相続税の申告書の提出義務者は，次の三つの要件のすべてを具備する個人を原則とします。ただし，例外として，持分の定めのない法人，人格のない社団若しくは財団又は特定の一般社団法人等で個人とみなされて相続税の課税を受ける場合（前記**17**参照）には，これらも提出義務者に含まれます。

　イ　人的要件

相続又は遺贈（死因贈与を含みます。）により財産を取得した人，その相続に係る被相続人から相続時精算課税贈与を受けた人であること。

　ロ　遺産総額に係る要件

同一の被相続人から相続又は遺贈によって財産を取得したすべての人の相続税の課税価格（正味財産）の合計額が遺産に係る基礎控除額[※1]を超えている

こと。この場合の相続税の課税価格には，相続開始前7年以内（令和5年12月31日までの贈与については3年以内）に贈与があった場合の贈与財産（生前贈与加算）及び相続時精算課税贈与により取得した財産（相続時精算課税適用財産。令和6年以後の贈与については同制度の基礎控除後の金額）の価額も含みます（前記**12**参照）。

ハ　各人ごとの相続税額に係る要件

相続，遺贈又は相続時精算課税贈与により財産を取得した人ごとに，配偶者に対する相続税額の軽減を除く税額控除（贈与税額控除・未成年者控除・障害者控除・相次相続控除・外国税額控除）のうち，適用を受けることのできる税額控除を適用してもなお納付すべき相続税額があること。

（※1）　相続税の基礎控除額は，以下の算式により計算します。
　　　　基礎控除額＝3,000万円＋600万円×相続税法上の法定相続人の数
　　　　この場合の，相続税法上の法定相続人の数は，民法第5編第2章（相続人）の規定による相続人の数とし，相続の放棄があった場合には，その放棄がなかったものとした場合における相続人の数によります。また，被相続人に養子がいる場合には，被相続人の実子の有無に応じ一定の養子の数の算入制限が設けられています（相法15）（前記**9**(2)②参照）。
（※2）　相続税の計算体系については，次ページの図のとおりです。

なお，適用を受けるためには相続税の申告が必要とされる特例（小規模宅地等の特例：前記**19**参照，配偶者に対する相続税額の軽減：前記**20**参照）の適用を受ける場合には，たとえ相続税額がゼロであったとしても相続税申告が必要となります。

（相続税の計算）

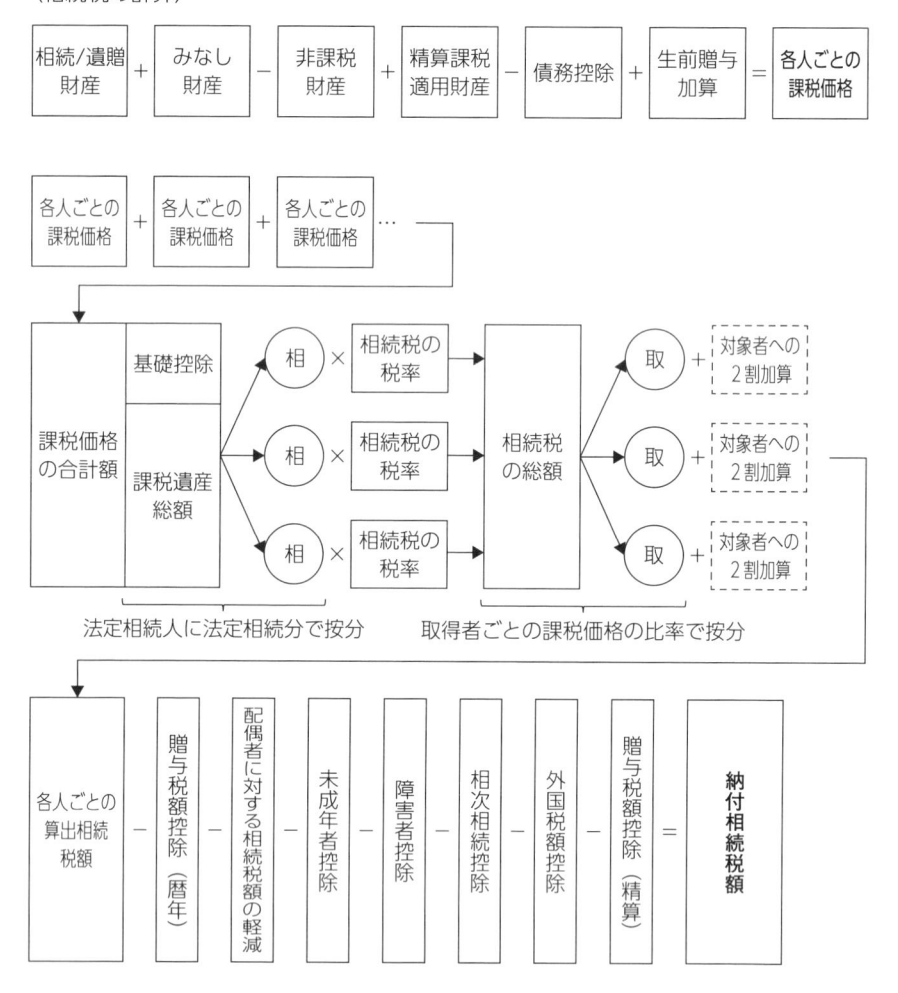

② 還付を受けるための申告書を提出できる人

相続時精算課税制度の適用を受けた受贈者で，次の算式に該当する場合には，贈与税の合計額が納付すべき相続税額を超える金額について還付を受けることができます（相法21の15③，21の16④，27③，33の2①）。

その人が納付すべき相続税額（贈与
税額控除（暦年）から外国税額控除
までの税額控除適用後の相続税額）
$<$
被相続人から受けた相続時精算課税
贈与により納付した贈与税の合計額

　還付を受けるための申告書は，相続開始日の翌日から5年を経過する日まで提出することができます（相基通27−8）。

　なお，相続時精算課税贈与に係る贈与税額控除以外の相続税の税額控除（暦年課税贈与に係る贈与税額控除，配偶者に対する相続税額の軽減等）について控除不足額が生じた場合には，このような相続税額の還付を受けることはできません。

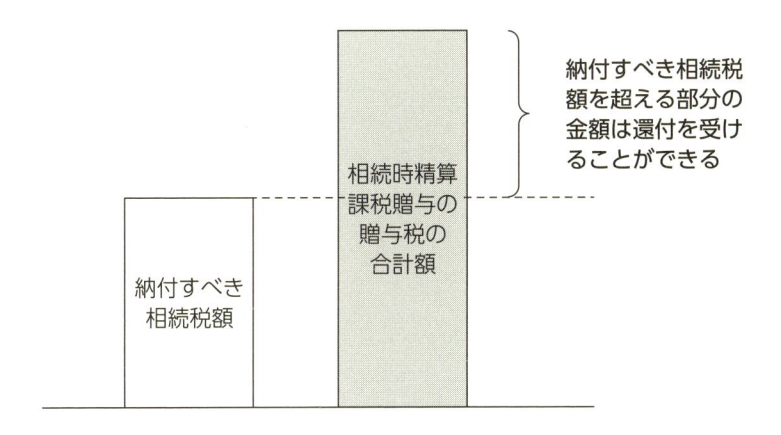

⑵　相続税の申告期限

①　相続税の申告期限

　相続税の申告は，その相続の開始があったことを知った日の翌日から10か月以内に行わなければなりません（前記**1**参照）。

②　相続の開始があったことを知った日

　相続の開始があったことを知った日とは，自己のために相続の開始があったことを知った日をいいます（相基通27−4）。自己のために相続の開始があったことを知った日とは，自らが相続により財産を取得することを知った日と解

されています（前記 **1** (2)参照）。

(3) 相続税申告書の提出先

相続税申告書の提出先は，被相続人の住所が日本国内にあるか否かにより分かれます。

① 被相続人の住所地が日本国内にある場合

被相続人の死亡時の住所が日本国内にある場合には，被相続人の死亡時の住所地の所轄税務署に相続税申告書を提出します（相法附則 3 ）。

② 被相続人の住所地が日本国外にある場合

被相続人の死亡時の住所が日本国外にある場合の相続税申告書の提出先は，次のとおりです。

　イ　日本国内に住所を有する相続人等

相続人等の日本国内の住所地を所轄する税務署（相法62①）。

　ロ　日本国内に住所を有しない相続人等

相続人等自らが納税地を定め，自らが定めた納税地を所轄する税務署（相法62②）。

この場合，納税管理人の選任・届出が必要となります（通法117①）。一般的には，この納税管理人の住所地に合わせて納税地を定めます。

(4) 相続税の申告義務を負う者が死亡した場合

相続税の申告義務を負う者が相続税の申告期限前に死亡した場合（例：被相続人の配偶者が相続税の申告期限前に死亡した場合）の申告をすべき人と申告期限は，以下のとおりとなります（相法27②）。

申告をすべき人	申告期限
死亡した人の相続人又は包括受遺者	申告義務を負っていた人の相続開始があったことを知った日の翌日から10か月以内

(5)　共同申告

　相続税申告書は，相続人，受遺者及び相続時精算課税適用者のいずれか2人以上いる場合において，上記(3)の申告書の提出先が同一であるときには，各相続人等が個別に相続税申告書を提出するのではなく，共同して一つの申告書を提出することができます（相法27⑤）。ただし，この取扱いはいわゆる「できる規定」のため，例えば相続人間で争いがあるような場合には，別々に相続税申告書を提出することも認められています。

(6)　相続税の納税

　相続税の期限内申告書を提出した人は，その申告期限までに相続税申告書に記載した相続税額を国に納付しなければなりません（相法33）。

(7)　特別代理人選任・成年後見人選任と相続税申告のスケジュール

　特別代理人選任には遺産分割協議書案が，成年後見人選任については遺産分割未了の相続財産についての相続財産目録が，原則として必要とされています。

　一方，相続税申告においては，各種特例適用等の観点から相続税の申告期限までに遺産分割協議を完了させることが望ましいといえます。

　このため，特別代理人選任や成年後見人選任が必要であり，かつ，相続税申告も必要と見込まれる場合には，早い段階で相続税申告を担当する税理士と連携を図り，遺産分割協議書案や相続財産目録の作成，特別代理人選任・成年後見人選任と遺産分割協議までのスケジュールをすり合わせておく必要があります。

25 遺産分割協議が整わない場合の申告期限

Q 昨年父が亡くなってからまもなく9か月が経過しようとしています。相続税の申告は10か月以内に必要とのことですが，まだ遺産分割協議がまとまっておらず，申告期限を過ぎる見込みです。どうすればよいでしょうか。

A 相続税の申告は相続の開始があったことを知った日の翌日から10か月以内に行わなければなりません。これは遺産分割協議が整っていない場合においても同様です。各相続財産の取得者が決まっていない場合は，法定相続分で取得したものと仮定した申告書を作成し，申告期限までに申告・納税を行います。

解説

(1) 遺産分割協議が申告期限までにまとまらない場合

相続人間で話し合いがまとまらず調停や審判になるケースや相続人が所在不明で遺産分割協議が進まなかった場合など，相続の開始があったことを知った日から10か月以内に遺産分割協議がまとまらないこともあります。

このような場合には，民法[1]に規定する相続分又は包括遺贈の割合に従って財産を取得したものとして相続税の課税価格を計算します（相法55）。

(2) 一部未分割の場合の課税価格の計算方法

遺産分割協議は，すべての財産について一度に分割する必要はなく，一部の遺産から分割することも可能です。また，一部の遺産については遺言によって

---

1 民法904条の2に規定する寄与分は除きます。

取得者が指定されているケースもあります。

　このような一部未分割のケースにおける課税価格の計算は,「積上げ方式」と「穴埋め方式」による計算が考えられますが,現在は「穴埋め方式」により計算するのが相当であるとされています[2]。

①　積上げ方式による計算

　未分割財産について相続分や包括遺贈の割合に基づく計算を行い,分割済財産に加算する方法により課税価格を計算する方法です。

②　穴埋め方式による計算

　分割済財産を含むすべての相続財産に対する自己の相続分相当額から分割済財産の価額を控除して課税価格を計算する方法です。

(3)　申告期限後に遺産が分割された場合

　遺産が未分割であることにより,民法に規定する相続分又は包括遺贈の割合に従って課税価格を計算して,相続税の申告を行っていた場合において,その後遺産が分割されたことにより,その分割に基づき計算した相続税額と当初申告で計算した税額が異なることとなった場合には,修正申告又は更正の請求を行うことができます。

　修正申告は,遺産が分割されたことにより取得した財産に係る課税価格が,当初申告時の課税価格よりも増加した場合に行います。

　これに対して,更正の請求は,取得した財産に係る課税価格よりも,当初申告による課税価格が過大となっている場合において行うことができる手続です。遺産分割により当初申告の課税価格と異なることを知った日から4か月以内に限り行うことができますので,期限の管理については注意が必要です。

　なお,当初申告後に遺産分割が行われた場合において,分割後の相続税総額と当初申告の相続税総額に相違がない場合には,相続人間による税額の調整を行えば足りるため,必ずしも修正申告や更正の請求を行う必要はありません。

2　東京地判昭和62年10月26日（税資160号241頁）（最判平成5年5月28日（集民169号99頁）上告棄却（確定）),東京地判平成17年11月4日（税資255号順号10194）（東京高判平成18年3月30日（税資256号順号10359）控訴棄却（確定））

26 遺産分割協議が整わない場合の特例適用

Q 相続税の申告期限までに遺産分割協議が整わなかった場合には，相続税の計算において適用のできない特例があると聞きました。

A 遺産が未分割の場合には，配偶者に対する相続税額の軽減や小規模宅地等の特例などの適用が受けられません。ただし，一定の手続を行うことで，遺産分割が行われた後に適用できることがあります。

解説 ··

(1) 遺産が未分割の場合の特例適用

相続税の申告期限までに遺産が未分割である場合には，相続税額を大きく軽減できる配偶者に対する相続税額の軽減や小規模宅地等の特例などの適用が受けられないこととされています。

(2) 特例の適用を受けるための手続

① 申告期限後3年以内の分割見込書の提出

未分割申告後において各種特例の適用を受けるためには，当初の申告書を提出する際に「申告期限後3年以内の分割見込書」[3]という書類を添付して提出することで，その後遺産が分割された場合に，各種特例を適用する旨の更正の請求を行うことができます。この書類の添付を失念すると，分割が確定した後に特例の適用を受けることができません。

「申告期限後3年以内の分割見込書」には，分割がされていない理由[4]や今後

---

3 相続税法19条の2第3項，租税特別措置法69条の4第7項，69条の5第7項
4 申告期限までに話し合いがまとまらなかったためなど。

の分割見込みの詳細[5]について記載します。

② **遺産が未分割であることについてやむを得ない事由がある旨の承認申請書の提出**

　相続人間で争いがある場合などは，申告期限後3年以内に分割ができないこともあります。この場合には，その3年を経過する日の翌日から2か月を経過する日までに「遺産が未分割であることについてやむを得ない事由がある旨の承認申請書」[6]を提出し承認された場合には，申告期限から3年を経過した後であっても特例の適用を受けることができます。

　なお，やむを得ない事由については，以下の四つの事由が定められており（相令4の2①），これらの事由を証明する書類（事件係属証明書など）の提出も求められています。この場合，例えば，当事者間の不仲を理由とした申請は認められないものと考えられます。

> イ　相続又は遺贈に関する訴えの提起がされている場合
> ロ　相続又は遺贈に関する和解，調停又は審判の申立てがされている場合
> ハ　遺産の分割が禁止され，相続の承認若しくは放棄の期間が伸長されている場合
> ニ　その他やむを得ない事由がある場合（相続人が行方不明の場合など）

(3) 配偶者に対する相続税額の軽減と小規模宅地等の特例

　遺産分割後に適用を受ける特例等として，最も多いのが配偶者に対する相続税額の軽減及び小規模宅地等の特例です。

　それぞれの特例適用に当たっての注意点は以下のとおりです。

① **配偶者に対する相続税額の軽減**

　相続税法において，更正の請求の期限は，遺産の分割が確定したことを知った日の翌日から4か月以内とされています（相法32①一）。

5　相続人間で協議中のため，3年以内には分割見込みなど。
6　相続税法施行令4条の2第2項，租税特別措置法施行令40条の2第23項及び第25項，40条の2の2第8項及び第11項

　しかし，この特例については，遺産の分割が確定したことを知った日の翌日から4か月以内と，国税通則法の規定による更正の請求期限である期限内申告書の提出期限から5年を経過する日のいずれか遅い日まで適用が可能となるため，適用期限についての注意を要します（相基通32−2）。

② 　小規模宅地等の特例

　　イ　調停等の途中で一部分割が行われた場合

　調停が進められる中で，一部の財産について分割の合意がされることがあります。更正の請求期限は，遺産の分割が確定したことを知った日の翌日から4か月以内とされていますので，小規模宅地等の特例が適用できる土地等が調停の途中で分割された場合には，調停自体が継続していたとしても，その一部分割が行われた日の翌日から4か月以内に更正の請求をしなければなりません。

　　ロ　一部の遺産について分割が行われた状態で未分割申告を行った場合

　未分割申告は，すべての財産が未分割の場合だけではありません。一部の財産について分割が行われた状態で申告を行うケースもあります。

　このとき，特例対象の土地等について分割が行われていた場合，当初申告では特例の適用を行わず，将来遺産のすべてが分割された際に小規模宅地等の特例を適用する旨の更正の請求をしようと考えていても，その土地等については特例の適用を行うことはできません。これは当初申告において，その土地等について小規模宅地等の特例の適用を行わないと選択したものと考えられるためです。

(4)　関係者間の連携

　前述のとおり，未分割申告後に各種特例の適用を受けるための手続には，一定の期限が設けられています。遺産が分割された場合には4か月以内に更正の請求を行わないと，小規模宅地等の特例の適用はできなくなるため，調停の依頼を受けた弁護士，申告業務の依頼を受けた税理士及び納税者が調停の進捗を共有しておくことが大切です。

　上記(3)②イのとおり，分割協議や調停等の途中で特例対象の土地等が分割された場合，その分割日の翌日から4か月以内の手続が必要になりますが，この

点は関係者に確実に説明をしておかないと共有漏れが起きやすくなります。そのため，一部分割であっても納税者，弁護士及び税理士の三者が進捗を共有できるよう連携を図ることが大切です。

　また，上記(2)②で記載した，遺産が未分割であることについてやむを得ない事由がある旨の承認申請を行う場合，申告期限後3年を経過する日の翌日から2か月以内に申請が必要であり，申請期限が非常に短くなっています。この申請は申請書の作成だけではなく，やむを得ない事由があることを証明する書類が必要であり，その書類の取得及び提出には三者間の連携が大切になってきます。

27 プロベート手続と申告期限

Q 米国籍を持つ米国居住の被相続人に相続が開始し，米国でプロベート手続を行っています。現地の弁護士によれば，日本の相続税申告期限までには手続が完了しないとのことです。

A たとえプロベートが完了しなくとも，日本の相続税の申告期限が延長されることはなく，申告期限までに申告と納税を行わなければなりません。プロベートが完了しないと送金を受けられないケースが多いため，申告期限までに納税資金を用意できない場合には，換価猶予などの方法を検討する必要があります。

解説 ··

(1) プロベートとは

　プロベートとは，主に英米法の国[7]において，相続が開始した際に，一般的に行われる裁判手続です。これらの国では，相続が開始すると，被相続人の財産は，まず遺産財団（Estate）に帰属し，裁判所の監督下で遺産財団が被相続人の債務を弁済し，各種租税公課を納付の上，残余財産を相続人へ分配します。

　この一連の裁判手続を，プロベートと呼びます。プロベートは長ければ数年かかることもあり，日本の相続税の申告期限（相続の開始を知った日の翌日から10か月）までに完了しないことも多々あります。

---

[7] 英国，米国，カナダ，オーストラリア，ニュージーランド，シンガポール，インドなど。

(2)　プロベートが申告期限までに完了しない場合の問題点

　国際相続であっても，日本の相続税の申告期限は，あくまで相続の開始を知った日の翌日から10か月です。この期限が延長されることはなく，申告期限内に，相続税申告書の提出と相続税の納税を完了しなければなりません。

　税理士が相続税申告書を作成するに当たり，プロベートの裁判資料が参考資料として必要となりますが，日本の相続税の申告期限までにプロベートが完了しない場合には，相続税申告書の作成に必要な情報が入手できません。また，取り急ぎ入手可能な情報に基づき申告書を作成できたとしても，プロベートが完了しなければ相続人は相続財産の分配を受けることもできないため，納税資金がなく，相続税の納税ができないという問題があります。

(3)　プロベートが申告期限までに完了しない場合の申告方法

　日本国内のみで完結する相続であっても，相続税の申告期限までに遺産分割協議が確定しない場合には，未分割申告を実施し，遺産分割協議確定後に，修正申告又は更正の請求を行います。また，申告期限までに金銭一括での納税が困難である場合には，延納，物納，換価猶予といった手続を行うことが考えられます。

　プロベートが完了しない場合の申告方法として，ひとまず，申告期限までに入手可能な資料情報に基づき相続税申告書を作成し，期限内申告を行った後，プロベート完了後に，修正申告又は更正の請求を行う方法が考えられます。この場合，プロベートが完了していないことで，財産の分配が未だ確定していないと整理するのであれば，未分割申告を行います。なお，例えばトラスト（信託）内の財産や受益者の指定のある金融資産など，プロベートの対象外で分配が確定している財産があれば，一部分割の申告となります。

　未分割申告を行う際の注意点として，相続財産が未分割である場合の課税価格は，民法の規定による相続人及び相続分に従ってその財産を取得したものとして計算しますが（相法55），被相続人が外国籍である場合には，被相続人の本国法の規定による相続人及び相続分をもととして計算することとなります

（法の適用に関する通則法36）。

⑷　プロベートが完了していない場合の納税手続

　納税については，換価猶予を実施することが考えられます。一般的には納税資金捻出のための不動産の換価などを想定した手続ではありますが，プロベートでは，プロベートが完了するまで財産の分配を受けることができないため，送金が完了するまでの期間，納税の猶予を受けることを検討しなければなりません。

　ただし，換価猶予には，原則として担保提供が必要であり，プロベート中の国外財産を担保に供することはできません。そのため，担保提供ができない状況で換価猶予を実施したい旨を，事前に所轄税務署へ相談することが望ましいといえます。

　また，場合によっては，プロベートの完了前であっても，日本の相続税申告納税分の資金を先行して送金してもらえるケースもあるため，日本の相続税申告の仕組みについて現地の専門家の理解を得て対応してもらえるよう働きかけることも有効と考えます。

⑸　プロベート完了後の対応

　日本の相続税の申告期限までに未分割の期限内申告を行い，その後，プロベートが完了した際には，その分配に応じ，修正申告又は更正の請求を行います。その際，プロベート手続の中で，例えば外国の相続税に相当する税額の支払があった場合には，外国税額控除の適用も検討します。

28　連帯納付義務

> **Q**　弟がすべての不動産を相続し，私は現預金を相続する旨の遺産分割を行い，相続税の申告と納税を済ませたところ，このたび，税務署から「完納されていない旨のお知らせ」という書面が届きました。どうすればよろしいでしょうか。

A　弟様が相続税の納期限までに納付していない場合には，税務署から他の相続人（「連帯納付義務者」といいます。）に「完納されていない旨のお知らせ」が送付されます。これは，納税がなされていない事実を知らせるためのものであり，直ちに連帯納付義務者に納付を求めるものではありませんが，弟様が滞納を続けると，連帯納付義務者は，相続税の納付義務を負うことになります。

解説　……………………………………………………………………………………

(1)　相続税の連帯納付義務

　相続税は，相続税を納めるべき各相続人が納付するのが原則ですが，自身の相続財産に課された税金を既に支払っていても，自身が相続で得た財産を上限に，滞納している相続人の負担分を納税する連帯納付義務を負います（相法34①）。

　相続税の連帯納付義務は，相続税徴収の確保を図るため，各相続人に課された特別の責任であり，各相続人の固有の納税義務が確定すれば，法律上当然に生ずるものと解されています[8]。

8　最判昭和55年7月1日（民集34巻4号535頁）

なお，相続税の連帯納付義務の時効は，申告期限から5年間です。

(2) 相続税滞納から連帯納付義務発生の流れ

相続税を滞納している相続人に対し，税務署は申告期限から50日以内に督促状を発送します。そして，滞納している相続人へ督促状が送付されてから1か月経過しても完納されないときは，連帯納付義務者に「完納されていない旨のお知らせ」が送付されます。

相続税を納めるべき相続人がさらに滞納を続けると，連帯納付義務者に「納付通知書」が送付されます。納付通知書が届くと，記載されている納税額を納める義務が生じます。

(3) 連帯納付義務者の納付

連帯納付義務者は，納付通知書が送られてから2か月が経過する日か，督促状が送られた日のいずれか早い日までに相続税を納付しなければなりません。

なお，連帯納付義務者が連帯納付義務に係る相続税に併せて納付する延滞税については，一定の要件の下，延滞税に代えて利子税を納付します（相法51の2）。

(4) 連帯納付義務者が滞納した場合

納付通知書の送付から2か月しても連帯納付義務者が納付しない場合，督促状が送付されます。督促状が届いた後の期間は，原則年14.6％の延滞税が課されます[9]。

なお，滞納が続くと差押処分の対象となります。

9　年「14.6％」と「延滞税特例基準割合＋7.3％」のいずれか低い割合を適用することとなります。納期限までの期間及び納期限の翌日から2か月を経過する日までの期間については，年「7.3％」と「延滞税特例基準割合＋1％」のいずれか低い割合を適用することとなります。「延滞税特例基準割合」とは，各年の前々年の9月から前年の8月までの各月における銀行の新規の短期貸出約定平均金利の合計を12で除して得た割合として各年の前年の11月30日までに財務大臣が告示する割合に，一定の割合を加算した割合をいいます。

(5)　求償権の発生とみなし贈与

　本来相続税を納付すべき相続人の代わりに相続税を納めた連帯納付義務者は，その相続人に対し，相続税や利子税の返還を求める求償権を取得します。

　求償権は放棄することも可能ですが，この場合，連帯納付義務者が代わりに納税した金額は，本来相続税を納付すべき相続人に対する贈与とみなされます（相基通8－3）。したがって，贈与を受けた相続人（求償権の放棄を受けた相続人）は，贈与とみなされる金額が暦年課税贈与の基礎控除額を超える場合には，贈与税の申告と納税を行う必要があります。

(6)　贈与税の連帯納付義務

　贈与税を納付すべき受贈者が贈与税を滞納した場合についても，贈与した財産の価額に相当する金額を限度に贈与者は連帯納付義務を負います（相法34④）。この場合，滞納から連帯納付義務発生の流れや延滞税の代わりに利子税を納付することなどは相続税と同様です。相続税と違うところは，贈与税の連帯納付義務の時効が原則6年という点です。

　なお，不動産の贈与や自社株式の贈与を行おうとする場合，受贈者に納税資金の不足が見込まれるときは，納税資金に充てるための現金も併せて贈与することや相続時精算課税制度を利用することも検討します。

第 6 章

贈与税の基礎知識

29 財産取得の時期

Q 私は，次男にマンションを贈与したいと考え，本年の12月末までには贈与契約書を作成する予定です。実際の引渡しは年明けとなる見込みです。次男は来年贈与税の申告を行う必要があるのでしょうか。

A 贈与に当たり書面で贈与契約を交わした場合，契約をした本年中に贈与財産を取得したものとして，贈与財産を取得した翌年2月1日から3月15日までに贈与税の申告をします。なお，贈与契約の日付と贈与財産の引渡しが年をまたぐような場合には，じ後の税務調査に備え，公証役場で確定日付を取っておくことが望ましいといえます。

解説..

贈与対象財産が不動産の場合，贈与契約書を作成して贈与契約を交わした日を財産取得の時期とします。書面によらず契約を交わしたときは，不動産の引渡しを受けた日を財産取得の時期とすることになり，課税関係に影響しますので留意が必要です。

(1) 民法上の贈与

贈与は，当事者の一方がある財産を無償で相手方に与える意思を表示し，相手方が受諾をすることによって，その効力を生じます（民法549）ので，この要件を満たせば，書面又は口頭のいずれであっても成立します。

なお，書面によらない贈与は，贈与者も受贈者も原則いつでも解除することができますが，履行が終わった部分については解除することができません（民法550）。また，書面による贈与は，原則として解除することができません。

⑵　相続税法上の贈与財産取得の時期

　相続税法における贈与による財産の取得の時期は，上記民法の規定を受け，書面によるものについてはその契約の効力の発生した時，書面によらないものについてはその履行の時とされています（相基通1の3・1の4共－8）。

　不動産など所有権移転登記等の目的となる財産について上述の取扱いにより贈与の時期を判定する場合，贈与契約書を作成していないなどその贈与の時期が明確でないときは，特に反証のない限りその登記等があった時に贈与があったものとされます（相基通1の3・1の4共－11）。

　なお，「司法試験に合格したら1億円を贈与する」というような停止条件付の贈与は，上記によらず停止条件が成就した時に財産を取得したものとされます（相基通1の3・1の4共－9）。

⑶　贈与財産の取得時期の違いによる相続税額への影響

　本事例のマンションの贈与のように比較的高額な財産を贈与により取得する場合，受贈者は，贈与者の相続開始時に相続財産に加算して相続税額を計算する相続時精算課税制度を選択するか，特に選択の手続を要しない暦年課税贈与により申告するかの判断を要します。

　暦年課税贈与により申告した場合，贈与者の相続が開始した際，相続開始前の一定の期間内[1]に贈与を受けた財産の価額は，相続税の課税価格に加算しなければならず，財産の取得時期は相続税額の計算に大きく影響します。このため，相続開始の日に応当する財産の取得時期の判定にあっては，贈与契約書の作成日や贈与財産の引渡日が重要な要素となります。

⑷　贈与税申告がない場合の贈与の事実の判断

　暦年課税贈与において，贈与契約は交わしたものの，何らかの事情により贈与財産の登記や引渡しに時間を要するような場合には，贈与税の申告が行われ

1　令和5年度税制改正により，令和6年1月1日以後に贈与により取得する生前贈与財産の加算期間は，相続開始前3年から7年に延長されました（後記**60**参照）。

128

ないまま相続開始を迎えるというケースもあります。このような状況において，相続税に係る税務調査が行われた場合，贈与契約を交わした財産につき，贈与が成立しているか否か（被相続人（贈与者）の財産となるか否か），課税上の問題が生じます。この点，次の①及び②の裁決事例があります。

① 公正証書に基づく贈与契約は成立していないとされた事例

　請求人が相続開始前に公正証書に基づき贈与契約を交わした不動産は，相続人が被相続人から生前贈与を受けたものであり，相続財産ではない旨主張した事案で，審判所は次のように判断し，請求人の請求を棄却しました[2]。

　本件不動産の所有権移転登記手続及び使用収益の状況などに照らすと，被相続人は，本件公正証書に基づいて，孫らに対し本件不動産を真に贈与する意思を有していたとは認め難く，孫らも，本件不動産を取得したとする認識があったとは認められない。また，公正証書を作成した目的が，請求人が主張するように，孫らに対する相続税の節税のための生前贈与にあるとするならば，孫らの親権者である請求人を含めた当事者は，本件不動産についての贈与税の申告が必要であるとの認識を有していたとみるのが自然であるところ，本件不動産に係る贈与税の申告はされていない。そうすると，本件公正証書は将来の相続税の負担を回避するなど，何らかの意図を持って作成された，実態を伴わない形式的な文書であるとみるのが自然かつ合理的であり，本件公正証書によって被相続人と孫らの間に贈与の合意が成立していたものとは到底認められず，請求人の主張には理由がない。

---

② 贈与契約の成立した日は公正証書が作成された日ではなく移転登記の日であるとされた事例

　相続開始前に公正証書に基づき行った贈与契約につき，相続人が，公正証書による財産の贈与時期は，本件不動産に係る所有権の移転登記がされた日ではなく，公正証書が作成された日である旨主張した事案では，審判所は次のように判断し，税務署の処分は適法であるとしました[3]。

2　平成15年3月25日裁決（裁集65集533頁）
3　平成9年1月29日裁決（裁集53集381頁）

> 　贈与税課税の除斥期間が経過するまで所有権の移転登記がされていないこと，公正証書の作成目的が租税回避以外の必要性がないこと及び公正証書の記載内容と異なる行為が行われていることから，当該公正証書は実態を伴わない形式的な文書と認めるのが相当であり，これにより贈与が成立したとは認められない。したがって，本件不動産の贈与の成立した日は，第三者に対抗するための法律要件が成就した日（所有権移転登記が行われた日）と認めるのが相当であるから，本件決定処分は適法である。

⑸　本事例における留意点

　本事例において，贈与契約書が実態を伴わない形式的な文書と認定されないためにも，契約書記載の引渡期日までに引き渡すとともに，第三者対抗要件である所有権移転登記を引渡日付で行いましょう。また，引渡日以後，受贈者（次男）が実際に使用収益しているという事実を残しておくことに加え，贈与税の申告も必要です。

⑹　所得税の収入金額の計上時期との相違

　所得税法上，譲渡所得や山林所得の総収入金額の収入すべき時期は，その所得の基因となる資産の引渡しがあった日，あるいはその資産の譲渡に関する契約の効力発生の日のいずれかを納税者が選択できるとされています（所基通36－12）。

　しかし，相続税法上，贈与財産の取得の時期を納税者が選択することはできません。

30 非課税財産

Q 亡くなった夫から，独立した子へ，毎月20万円を生活費として子の預金口座に振り込んでいました。生活費なので贈与税は非課税として考えてよろしいですか。なお，子は安月給の会社員です。

A 親から子への生活費の振込み（仕送り）は，同居・別居にかかわらず，通常必要と認められる生活費であれば，贈与税はかかりません。

ただし，生活費として渡したもののうち，残余がある場合には，課税関係に注意が必要です。

解説 ……………………………………………………………………………………

民法では，両親や祖父母，子供，孫などの直系血族，兄弟姉妹，夫婦間についてはお互いに扶養（扶助）義務がある（民法877①，752）とし，また，叔父や叔母などの三親等内の親族は，特別の事情があるときは家庭裁判所の審判によって扶養義務を負う（民法877②）としています。

一方，相続税法では，生計を一にしているのであれば，三親等内の親族は家庭裁判所の審判にかかわらず，扶養義務者になるとして，民法よりも広く解釈されています（相基通1の2－1）。夫婦や親子，兄弟姉妹などの扶養義務者相互間において，生活費又は教育費に充てるために贈与により取得した財産のうち通常必要と認められるものの価額は，贈与税の課税価格に算入されません（相法21の3①二）。

(1) 生活費又は教育費の範囲等

生活費とは，通常の日常生活を営むのに必要な費用（教育費を除きます。）のことで，治療費，養育費なども含まれます（相基通21の3－3）。また，教

育費とは，教育上通常必要と認められる学費，教材費，文具費等のことで，義務教育費に限られません（相基通21の3－4）。

なお，相続税法上の「通常必要と認められるもの」とは，被扶養者の需要と扶養者の資力その他一切の事情を勘案して社会通念上適当と認められる範囲の財産とされています（相基通21の3－6）。

(2)　贈与税がかからない生活費又は教育費

贈与税がかからない生活費又は教育費は，「必要な都度」，「直接これらの用に充てる」ために贈与する必要があります（相基通21の3－5）。

したがって，必要と認められる金額をまとめて1年分送金するような場合や，生活費や教育費の名義で取得した財産を定期預金や株式購入資金に充てるような場合には，その財産の帰属をめぐり税務当局と判断が分かれることが多々あります。つまり，贈与者と受贈者の間に贈与契約が成立し，贈与した財産が受贈者に帰属していれば贈与があったとして受贈者の贈与税の課税対象（贈与の成立時期によっては相続税の生前贈与加算の対象）となり，贈与が成立しておらず被相続人に帰属していると認められるのであれば被相続人の相続財産として相続税の課税対象となります。

(3)　妻名義の預貯金は夫の相続財産であるとされた事例

税務署が，税務調査において，被相続人の妻名義の預貯金等は被相続人に帰属するものと認められ，相続財産であるとして相続税の更正処分を行ったのに対し，相続人が相続人の固有財産であるとして，処分の取消しを求めた事案において，審判所は次のように判断し，相続人の請求を棄却しました[4]。

> 妻に手渡された生活費の残余であるか否かは別問題として，被相続人の妻名義の銀行預金，郵便貯金並びに割引金融債券及び利付金融債券の原資は，被相続人が拠出したものであり，本件預貯金等の取得原資を被相続人が拠出していたことに加え，被相続人による管理及び運用の事実が認められることから，本件預貯金

4　平成19年4月11日裁決（非公開裁決，TAINS：F0-3-312）

等は，被相続人に帰属していたことが認められる。

　請求人は，本件預貯金等は被相続人から妻へ生活費等として生前贈与されたものを貯蓄して形成されたものであり，生活費の余剰金については，口頭による贈与契約があった旨主張する。しかしながら，仮に被相続人が妻に生活費として処分を任せて渡していた金員があり，生活費の余剰分は自由に使ってよい旨言われていたとしても，渡された生活費の法的性質は夫婦共同生活の基金であって，余剰を妻名義の預金等としたとしてもその法的性質は失われないと考えられるのであり，このような言辞が直ちに贈与契約を意味してその預金等の全額が妻の特有財産となるものとはいえないこと，生活費の余剰金が妻に贈与されたことを具体的に明らかにする客観的証拠はないことなどから，被相続人から妻への生活費の余剰金の贈与を認めるに足りる証拠は見当たらないので，この点に関する請求人の主張には理由がない。

⑷　贈与税が非課税とされるもの

　扶養義務者相互間における通常必要と認められる生活費又は教育費のほか，贈与税が非課税とされるものには次のものが挙げられます。

①　障害者非課税信託（相法21の4①）

　障害者の生活の安定を図ることを目的とした信託契約の受益権について，贈与税が非課税となる上限金額は，特別障害者は6,000万円，特別障害者以外の障害者は3,000万円です。

②　贈与税の配偶者控除（相法21の6①）

　婚姻期間が20年以上の夫婦の間での，居住用不動産又は居住用不動産を取得するための金銭の贈与について，基礎控除110万円のほかに最高2,000万円まで課税対象から控除されます。

③　住宅取得等資金の贈与を受けた場合の非課税（措法70の2①）

　直系尊属からの一定の要件を満たす住宅取得等資金の贈与について，省エネ等住宅の場合には1,000万円，それ以外の住宅の場合は500万円まで非課税とされます[5]。

5　適用期限は令和4年1月1日から令和8年12月31日までとされています。

④　**教育資金の一括贈与を受けた場合の非課税**（措法70の2の2①）

　直系尊属から一括贈与を受けた教育資金のうち一定の要件を満たすものについて，1,500万円まで非課税とされます[6]。

⑤　**結婚・子育て資金の一括贈与を受けた場合の非課税**（措法70の2の3①）

　直系尊属から一括贈与を受けた結婚・子育て資金のうち一定の要件を満たすものについて，1,000万円まで非課税とされます[7]。

(5)　その他贈与税がかからない財産

①　**法人からの贈与により取得した財産等**（相法21の3①一）

　法人からの贈与により取得したもの（贈与税は個人から財産を贈与により取得した場合にかかる税金であり，贈与税ではなく所得税の対象）及び公益信託から給付を受けたもの（新公益信託法の施行の日から適用）。

②　**特定公益信託から交付される金品**（相法21の3①四）

　奨学金の支給を目的とする特定公益信託や財務大臣の指定した特定公益信託から交付される金品で一定の要件に当てはまるもの（本取扱いは，新公益信託法の施行の日から「公益信託の受託者が贈与により取得した財産」となります。）。

③　**心身障害者共済制度に基づき支給される権利**（相法21の3①五）

　地方公共団体の条例によって，精神や身体に障害のある人又はその人を扶養する人が心身障害者共済制度に基づいて支給される給付金を受ける権利。

④　**選挙運動に関し取得した金品等**（相法21の3①六）

　公職選挙法の適用を受ける選挙における公職の候補者が選挙運動に関し取得した金品その他の財産上の利益で，公職選挙法の規定による報告がなされたもの。

⑤　**社交上必要と認められる香典等**（相基通21の3−9）

　個人から受ける香典，花輪代，年末年始の贈答，祝物又は見舞いなどのための金品で，社会通念上相当と認められるもの。

6　平成25年4月1日から令和8年3月31日までの間に取得した信託受益権が対象となります。
7　平成27年4月1日から令和7年3月31日までの間に取得した信託受益権が対象となります。

⑥　相続があった年に被相続人から贈与により取得した財産（相法21の2④）

　相続や遺贈により財産を取得した人が，相続があった年に被相続人から贈与により取得した財産の価額で相続税の課税価格に加算されるもの。

⑹　本事例の課税関係

　本事例において，子が会社員として独立していても，月給が少ないために，資力に余裕がある親がその子に送金する生活費相当額については，基本的には贈与税はかかりません。また，祖父母が親に代わって孫に通常必要と認められる生活費を毎月送金するような場合でも贈与税はかかりません。

　ただし，送金した金銭が子（受贈者）の貯蓄や証券投資などに充てられるなど生活費として費消されていない場合は，贈与税の課税対象となります。

31　負担付贈与の課税標準

> **Q** このたび，母からマンションの贈与を受けました。このマンションの時価は2,500万円で銀行からの借入金1,800万円が付されており，併せて私が引き受けました。相続税評価額は2,000万円，取得費は1,500万円とのことです。この場合，贈与税の課税対象はいくらになるのでしょうか。

A 不動産を負担付贈与で取得した場合は，通常の取引価額に相当する金額から負担額を控除した価額が贈与税の課税対象となります。相続税評価額ではなく，時価評価になることに留意が必要です。

また，1,800万円の借入金があったお母様は，借入金相当額でマンションを売却したという扱いになり，取得費との差額について譲渡所得課税の対象になります。

解説··

(1)　負担付贈与

通常の贈与は，「当事者の一方がある財産を無償で相手方に与える」（民法549）という片務契約ですが，受贈者に一定の債務を負担させることを条件にした贈与を行うこともできます。これを負担付贈与といいます。

負担付贈与については，その性質に反しない限り，双務契約に関する規定が準用される（民法553）ことから，負担付贈与契約の締結後，相手方が負担を履行しない場合は契約を解除することができます。

本事例のように借入金の負担を受贈者に負わせることのほか，自身の身の回りの世話をさせるというような負担を負わせることもできます。

⑵　負担付贈与を行った場合の受贈者の課税関係

　個人から負担付贈与により財産を取得した場合，贈与財産の価額から負担額を控除した価額に贈与税が課されます。

　ここでいう贈与財産の価額とは，不動産以外の贈与財産については，財産の相続税評価額から負担額を控除した価額をいいます。これに対し，土地や借地権，家屋や構築物などの不動産については，贈与時の通常の取引価額に相当する金額から負担額を控除した価額をいいます（「負担付贈与通達」[8]）。通常の贈与（負担のない贈与）の場合には，課税標準は不動産の相続税評価額となるところ，負担付きとしたために，かえって課税標準が高くなるおそれがあり，注意が必要です。

⑶　負担付贈与を行った場合の贈与者の課税関係

　贈与者は，贈与した側なので贈与税は課税されませんが，負担付贈与によって贈与者に経済的利益が生ずる場合には，その経済的利益を収入金額とする譲渡所得が課税されます（所法33，36①）。受贈者に負わせる負担が借入金の場合，贈与者は借入金の返済を免れるので，借入金相当額が譲渡収入となります。

　そして，この譲渡収入が取得費及び譲渡費用の合計額を上回る場合には，所得税の譲渡所得の課税対象となります。また，負担額（債務の額）がその資産の贈与時における時価の2分の1未満であり，かつ，その資産の取得費及び譲渡費用の額の合計額に満たない場合には，その不足額（譲渡損失）はなかったものとみなされます（所法59，所令169）。

⑷　受贈者が負担付贈与によって取得した資産を売却する際の取得費等

　受贈者が，通常の贈与によって取得した不動産を売却した場合は，贈与者がその不動産を購入した際の購入代金や購入の際の手数料などの取得費用を引き

8　平成元年3月29日付国税庁「負担付贈与又は対価を伴う取引により取得した土地等及び家屋等に係る評価並びに相続税法第7条及び第9条の規定の適用について」

継ぎ，その金額に基づき計算します（所法60①一）。また，贈与によって取得した資産の取得時期についても，贈与者の取得時期を受贈者に引き継ぎます（措令20③）。したがって，受贈者が贈与によって取得した資産を売却する際には，贈与者の取得時期に基づく所有期間により長期譲渡所得に該当するか短期譲渡所得に該当するか判断することとなります。

この所得税法60条1項1号にいう「贈与」には，贈与者に経済的利益を生ずる負担付贈与が含まれないと解されています[9]。このため，経済的利益の生ずる負担付贈与では，受贈者は，その負担額（債務の額）によってその資産を取得することとなり，受贈時が取得の時期になります[10]。

ところが，さらに，上記(3)の負担額（債務の額）がその資産の贈与時における時価の2分の1未満である場合には，贈与者の取得費及び取得時期を引き継ぐこととなります（所法60①二）ので，この点に注意が必要です。

⑸　負担付贈与とならない敷金

賃貸不動産の所有者が賃借人に対して敷金返還義務を負っている状態で，この賃貸不動産を贈与した場合には，法形式上は，負担付贈与に該当しますが，この敷金返還義務に相当する現金の引継ぎを同時に行っている場合には，一般的にこの敷金返還債務を承継させる意図が贈与者・受贈者間においてなく，実質的に負担付贈与に当たらないとされています[11]。この場合，贈与者から引継ぎを受けた敷金相当額については，贈与税の課税対象となりません。

⑹　本事例における受贈者の贈与税の計算

本事例では，マンションの時価相当額2,500万円から借入金相当額1,800万円を控除し，さらに暦年課税贈与の基礎控除額110万円を控除し，基礎控除後の課税価格に贈与税の税率を乗じて税額計算をします。

相続税評価額が2,000万円であっても，時価相当額2,500万円を評価額とする

9　最判昭和63年7月19日（集民154号443頁）
10　取得費については，売買により取得した場合と同様の取扱いとなります。
11　国税庁質疑応答事例「賃貸アパートの贈与に係る負担付贈与通達の適用関係」

ところに注意が必要です。

【計算例】

　（2,500万円 − 1,800万円 − 110万円）×20％ − 30万円 ＝ 88万円

　　※特例税率[12]に基づき計算

(7)　本事例における贈与者の譲渡所得の計算

　本事例では，借入金相当額1,800万円から取得費1,500万円を控除して譲渡所得を計算します。そして，他の所得と合計せずに分離して税額を計算することとなり，税率は譲渡年の1月1日における所有期間が5年を超える不動産の場合，所得税15.315％（復興特別所得税を含みます。）及び住民税5％，5年未満の場合，それぞれ30.63％及び9％となります。

　時価2,500万円のマンションを借入金相当額である1,800万円で低額譲渡した形となりますが，税務上は，借入金相当額を譲渡の対価として考え，対価を超える部分（2,500万円 − 1,800万円 ＝ 700万円）を贈与と考えます（上記(6)参照）。

【計算例】

　（1,800万円 − 1,500万円）×20.315％ ＝ 609,450円

　　※所有期間を5年超として計算

12　贈与を受けた年の1月1日現在において18歳以上の人が，直系尊属から贈与により取得した財産に係る贈与税の計算に適用する税率をいいます。

32　生命保険金等のみなし贈与

> **Q**　保険会社から毎年100万円が私の口座に振り込まれてきます。母が私を受取人とする生命保険に加入したそうです。

A　保険料を負担していない人が生命保険契約の満期金や解約返戻金を受け取った場合，保険料負担者から贈与により取得したものとみなされ，贈与税の課税対象となります（相法5）。

解説

(1)　相続税法上のみなし贈与

　みなし贈与とは，民法上の贈与には当たりませんが，実質的に経済的利益を享受したのと同様な場合に税負担の公平を図るため税法上課税するというもので，保険料を負担していない人が生命保険契約の満期金や解約返戻金，死亡保険金を受け取った場合，保険料負担者からの贈与があったものとみなされ，贈与税が課税されます。

　なお，生命保険契約において保険金が支払われる場合は，保険契約者，保険料負担者，被保険者及び保険金受取人の違いによって課税関係が異なります。

(2)　生命保険の保険金に贈与税がかかる場合

①　死亡保険金を受け取ったとき

　生命保険の死亡保険金を受け取った場合，受取人には相続税，所得税及び贈与税のいずれかが課税されます。死亡保険金に贈与税が課税されるのは，被保険者，契約者（保険料負担者）及び受取人がそれぞれ異なるときです。被保険者が死亡したという事由により契約者から受取人に死亡保険金という財産が移

転したと考え，贈与があったものとみなされて，贈与税が課税されます。

② 満期保険金や解約返戻金を受け取ったとき

親が子を受取人とする保険に加入し，保険料を支払い，満期時あるいは解約時に保険金が子に支払われるとき，相続が発生していませんので相続税は課税されませんが，親が支払った保険料により子供が保険金という利益を受けます。このとき，親子の間に「あげます」，「もらいます」の意思表示がなくても，子が利益を贈与により受けたものとみなされ，贈与税が課税されます。

③ 生存給付金を受け取ったとき

親が契約者兼被保険者となり，生存給付金が子に支払われるときも，相続が発生していませんので相続税は課税されませんが，子が親から利益を贈与により受けたものとみなされ，贈与税が課税されます。

(3) 贈与税の計算

みなし贈与の対象となる保険金を受け取った場合，受け取った保険金が暦年課税贈与の基礎控除額110万円以下であれば，贈与税は非課税となりますので，申告の義務はありません。

なお，保険金を受け取った年にその保険金以外に贈与により取得した財産がある場合は，その財産を合算した金額から基礎控除額110万円を控除した額が贈与税の課税対象となります。

(4) みなし贈与の対象とならない医療保険等

上記(2)のとおり，保険金の受取人が保険料の負担をしていなかった場合には，保険金の受取人は保険料の負担者から保険金を贈与によって取得したものとみなされ贈与税の課税対象とされますが，医療保険契約や傷害保険契約に基づき，被保険者の傷害，疾病その他これらに類する保険事故で死亡を伴わない事故によって支払を受ける保険金は，みなし贈与の対象となりません（相法5①）。

なお，これらの保険金は所得税の医療費控除の計算において，医療費を補填する保険金として支払った医療費から差し引きます。ただし，死亡したこと，重度障害の状態になったこと，療養のため労務に服することができなくなった

○生命保険金等を受け取った場合の課税関係

	契約者	被保険者	保険料負担者	保険金受取人	保険事故等	課税関係	関係法令等
1	A	A	A	A	満期	Aの一時所得となります。	所令183②
					Aの死亡	Aの相続人が相続により取得したものとみなされます。	相法3①一
2	A	A	A	B（Aの子）	満期	BがAから贈与により取得したものとみなされます。	相法5①
					Aの死亡	Bが相続により取得したものとみなされます。（Bが相続を放棄した場合は遺贈による取得）	相法3①一
					Aの高度障害	課税されません。	所法9①十八 所令30一 所基通9-21
3	A	A	C	B（Aの子）	満期 Aの死亡	BがCから贈与により取得したものとみなされます。	相法5①
4	A	A	A 1/2 C 1/2	B（Aの子）	満期	BがAとCから贈与により取得したものとみなされます。	相法5①
					Aの死亡	BがAから2分の1を相続により取得したものとみなされます。	相法3①一
						BがCから2分の1を贈与により取得したものとみなされます。	相法5①
5	B	B	A（Bの父）	B	Aの死亡	Bが生命保険契約に関する権利（この表において，以下「権利」といいます。）を相続により取得したものとみなされます。	相法3①三
6	A	B（Aの子）	A	B	Aの死亡	Aの相続人が相続により権利を取得します。	相基通3-36(1)
7	A	A	A	B（Aの子）	Bの死亡	課税関係は生じません。	相基通3-34
8	A	B（Aの子）	B	A	Aの死亡	課税されません。	相基通3-36(2)
9	A	B（Aの子）	A	A	Bの死亡	Aの一時所得となります。	所令183②

（出所）　市川康樹編『令和6年版　図解　相続税・贈与税』（大蔵財務協会，2024年）429-430頁

ことなどに基因して支払を受ける保険金，損害賠償金等は医療費を補塡する保険金には当たりません（所基通73－9）。

(5)　本事例の課税関係

本事例の生命保険契約は，相談者の母を契約者（保険料負担者），相談者を受取人とする生存給付金付きの生命保険契約です。契約期間中，一定の時期に生存給付金受取人に一定額が振り込まれた場合は，振込のあった時が贈与のあった時となります。

本事例では，生命保険契約に基づく振込額が100万円ですから，その振込以外の贈与がなければ，暦年課税贈与の基礎控除額110万円以下であるため，贈与税の申告は必要ありません。

33　債務免除とみなし贈与

Q　私は事業資金として，伯母さんから2,400万円を借り入れ，月々20万円を返済する契約に基づき，返済を続けてきましたが，このほど残額を帳消しにしてもよいとの連絡を受けました。私が返済したのは月々8万円で，5年が経過したところです。贈与税等の対象となるのでしょうか。

A　あなたが伯母様から債務免除を受けた場合には，あなたにとっては債務が消滅することから，経済的利益を得ることになります。この経済的利益については，債務免除のもととなる借入金の性質，債務者の資力の状態などを確認した上で，みなし贈与課税に該当するか，所得税の収入金額に計上すべきか，また，所得税の課税対象となる場合はどの所得区分に該当するのか検討します。

解説

(1)　債務免除

債権者がその権利を放棄することで債務者の債務が免除されることを債務免除といい，民法519条は，「債権者が債務者に対して債務を免除する意思を表示したときは，その債権は，消滅する。」と規定しています。

債務免除が行われた場合，債務者が債権者へ弁済すべき価額分の消滅又は減少の効果が生じ，結果的に債務者が利益を享受することになります。

(2)　個人が個人から債務免除を受けた場合

個人が対価を支払わず，又は著しく低い価額の対価で債務の免除，引受け又は第三者のためにする債務の弁済による利益を受けた場合には，その利益を受けた個人は，債務免除が行われた時にその債務免除に係る債務の金額を，その

債務免除をした人から贈与により取得したものとみなされます（相法8）。

　例えば，債務免除の有無について争われた事案において，訴外Aからの借入債務は弁済したもので，債務免除の事実はない旨の納税者の主張に対し，裁判所は，①納税者の供述等を裏付ける客観的な証拠は存在せず，弁済時の供述は不自然かつ不合理であること，②弁済時期についての供述等の変遷があり，その理由は信用できないことから，弁済の事実はなく，本件債権放棄通知書によって，本件債務は，免除されたものと認めるのが相当であるとして，贈与税の決定処分は適法と判断しました[13]。

　なお，債務免除が行われる状況は得てして債務者が既に債務超過の状態に陥り，今後も返済の見込みがない場合がほとんどです。このため，債務者が資力を喪失して債務を弁済することが困難である場合において，債務免除があったとき，又は，その債務者の扶養義務者によってその債務の引受け又は弁済がなされたときは，贈与により取得したものとみなされないこととされています（相法8但書）。

(3)　個人が法人から債務免除を受けた場合

　個人が法人からの債務免除によって受けた経済的利益は，法人からの贈与により取得したものとみなされ贈与税の課税対象になるとも考えられますが，贈与税は相続税の補完税であるとの趣旨から，納税義務者である受贈者は原則として個人に限られます。また，「法人からの贈与により取得した財産」の価額は贈与税の課税価格に算入しない（相法21の3①一）と規定されています。

　法人からの贈与により取得した財産は贈与税の課税価格に算入されないことから，債務免除を受けたことによる債務者の経済的利益は，所得税の課税対象となります。なお，法人からの贈与により取得する金品（業務に関して受けるもの及び継続的に受けるものを除きます。）は，一時所得に該当します（所基通34−1(5)）。

　また，債務免除を受けた個人が資力を喪失して債務を弁済することが著しく

13　東京地判平成19年1月19日（税資257号順号10613）

困難である場合は，その債務免除により受ける経済的な利益の価額については，各種所得の金額の計算上，総収入金額に算入しないこととされています（所法44の2①）。

⑷　法人が個人から債務免除を受けた場合

　法人は相続税の課税原因は発生しないことから，相続税の補完税としての贈与税が課税されることはありません。

　会社役員（個人）が同族会社の経営状況に応じて金銭の貸付けを行い，結果的に貸付金を放棄する事例が多々見られます。このように法人が個人から債務免除を受けても贈与税の課税対象とはなりませんが，債務免除益に対しては法人税が課税されます。さらに，この貸付金の放棄によりこの同族会社の株式の評価額は値上がりし，その値上がりによってこの会社の株主が取得する経済的利益は贈与と同様の実質を有することから，貸付金を放棄した個人から株主に対し贈与があったとみなされます（相基通9－2⑶）。

⑸　所得税の課税対象とされる債務免除益

　所得税法では，買掛金その他債務の免除を受けた場合におけるその免除を受けた金額は，その年分の各種所得の金額の計算上，収入金額に計上されます（所法36①，所基通36－15⑸）。

　また，法人からの贈与により取得する金品のうち，業務に関して受けるもの及び継続的に受けるものについては，一時所得から除かれています（所基通34－1⑸）。

　この点，納税者（原告）が，農協から受けた借入金の債務免除益の全額を一時所得として確定申告したところ，農地の取得や農業用機械の購入に充てられた部分は事業所得，賃貸用不動産の取得に充てられた部分は不動産所得，それ以外は一時所得として更正処分を受けた事案（課税庁はその後理由を差し替えて，一時所得に当たるとしたものは雑所得であると主張）において，納税者は，農地の取得は当初から農地転用等をして売却をする目的で，農業の用に供するためのものではなかったし，借入金の債務免除は農協が合併に向けて不良債権

を処理する必要があり，借入金の一部を弁済するとともに残額を放棄するという偶発的な合意をしたのだから，一時的かつ偶発的な所得であり，一時所得であると主張しました。

　裁判所は，不動産所得や事業所得には副収入や経済的な利益の付随収入等も含まれるから，借入金の目的に応じて不動産所得と事業所得に区分され，どちらにも該当しない部分は非継続要件と非対価要件を満たさないものとはいえないから，一時所得に該当すると判断しました[14]。

(6)　本事例の課税関係

　月々返済した8万円について，元本の返済であるのか利息の支払であるのか確認し，残債額を明らかにします。そして，元本の返済であると確認できた場合，月20万円から返済した8万円を差し引いた残金12万円について，債務として残っているのか，既に免除されていたのか確認します。

（5年後の残債）
① 債務として残っている場合：1,920万円（2,400万円−8万円×12月×5年）
② 債務として残っていない場合：1,200万円（2,400万円−20万円×12月×5年）

　次に，相談者が伯母から借り入れた事業資金について，所得税の事業所得の収入金額に計上すべきか否か，事業の取引上生じた買掛金その他の債務の免除を受けた場合に該当する事情があるか検討します。また，債務免除の連絡を受けた際に資力を喪失して債務を弁済することが著しく困難である場合に該当するか検討します。その結果，これらの事情が認められない場合には，みなし贈与課税の対象となると思料します。

14　東京地判平成30年4月19日（税資268号順号13146）

第 7 章

遺　言

34 遺言の内容と異なる遺産分割

> **Q** 父が亡くなりました。父は，私（長男）に実家の土地建物を相続さ
> せる旨の遺言をしました。ところが，実家の土地建物には弟が住んでいて，
> 今後も弟が実家に住む予定であるため，弟に実家の土地建物を取得させて，
> 私は金融資産を多く取得したいと思います。

A 遺言がある場合には，遺言は被相続人の死亡により直ちに効力を生じま
す。このため，遺言どおりの遺産分割ないし遺贈の効果が発生しますが，相続
人全員の合意があれば，遺言によらない遺産分割を行うことが可能です。

解説··

⑴ 相続人間の合意があれば遺言と異なる遺産分割協議は可能

　遺言は，遺言者の死亡と同時にその効力を発生させ，特定遺贈についても特
定財産承継遺言についても，直ちに受遺者・相続人にその財産が帰属すると解
されています[1]。

　しかし，一般に，相続人間の合意があれば遺言と異なる遺産分割協議ができ
ると解されています[2]。ただし，遺言執行者（後記**35**参照）が指定されている
場合には，後述のとおり，遺言執行者の同意が必要であり，遺言執行者は実質
的に遺言者の意思に反するか否かを考慮して遺言と異なる遺産分割に同意する
か否かを決するべきであると考えられています。

1　最判平成3年4月19日（民集45巻4号477頁）
2　東京地判平成13年6月28日（判タ1086号279頁），さいたま地判平成14年2月7日（裁判所ウェ
　ブサイト）（LEX/DB：25410475），東京地判平成29年2月17日（平成26年（ワ）33479号，判
　例集未登載）（LEX/DB：25553906）等

⑵　特定財産承継遺言の利益の放棄の可否

　遺言が特定遺贈である場合については，受遺者が遺贈を放棄し（民法986），遺贈の対象から外れて未分割の遺産となるため遺産分割協議の対象となると解することができます。

　ところが，特定財産承継遺言については，令和2年民法改正の際の立法担当者は「遺言の利益」を放棄できないとの解釈を採用したと考えられます（このため，配偶者居住権の設定方法から特定財産承継遺言は除かれました。もっとも，特定財産承継遺言の利益の放棄の可否については，学説上は争いがあります。東京地裁平成31年4月25日判決[3]は遺言の利益の放棄を認めています。）。この立場からすると，特定財産承継遺言が行われている場合には，相続人の意思で遺言の利益を放棄することはできないことになり，遺言と異なる遺産分割ができる理論的根拠は必ずしも明瞭ではありません。

　もちろん，遺言どおりの法的効果が発生した上で，遺産分割の名目の下で，私法的に財産を交換・贈与したものと解することは可能です（東京地裁平成13年6月28日判決は，遺言執行者を無視して遺産分割協議をした事案ですが，そのような立場に立つようです。）。

　しかし，そのように解した場合には，税法上の問題が生じるおそれがあります。もっとも，税務当局は，特定遺贈を前提にした解釈のように思われますが，遺言の内容と異なる遺産分割について，贈与税が課されることはないとの立場を公表しています[4]。

⑶　第三者に対する特定遺贈が行われている場合

　遺言により第三者に特定遺贈が行われている場合には，相続人のみの合意では第三者に対する遺贈部分を含めて遺言と異なる遺産分割協議をすることはできないと考えられます。さらに，受遺者たる第三者と相続人全員が合意したと

3　東京地判平成31年4月25日（平成28年（ワ）35651号，判例集未登載）（LEX/DB：25581153）
4　国税庁タックスアンサー№4176「遺言書の内容と異なる遺産分割をした場合の相続税と贈与税」

しても，受遺者たる第三者が遺贈を放棄したことを前提として遺言と異なる遺産分割協議をするならば，第三者は財産を取得できない（遺贈を放棄し，かつ，相続人ではない以上，遺産分割協議で財産を取得するべき理由がない。）と考えられます。

　仮に第三者が財産を取得した場合には，相続人から贈与を受けた，又は，遺贈を受けた財産と交換した等の遺産分割以外の法律構成が必要になると考えられます。

35　遺言執行者

Q　父の亡き後，私に自宅の土地建物とＡ銀行の預金を相続させ，弟に
Ｂ銀行の預金を相続させる旨の公正証書遺言があることがわかりました。
遺言執行者にはＣ信託銀行が指定されていました。

A　遺言執行者が指定され，就任を承諾した場合，遺言内容は遺言執行者に
よって実現されます。ただし，遺言の内容どおりであれば，その利益を受ける
相続人が自ら名義を書き換えることも可能です。

解説 ……………………………………………………………………………………

(1)　遺言執行者

　遺言で遺言執行者が指定されている場合（民法1006①），指定された者が就
任するか否かを決定します。

　遺言執行者（に指定された者）が就任を承諾した場合には，直ちに任務を開
始し（民法1007①），遅滞なく遺言の内容を相続人に通知します（民法1007②）。
逆に，就任を承諾しなかった場合には，遺言執行者がいないことになりますの
で，利害関係人は家庭裁判所に選任を求めることができます（民法1010）。

　なお，遺言執行者がいない場合にも，特に必要がある場合を除き，あえて選
任を求める必要はありません。

　遺言執行者は，遺言の内容を実現する権利義務を有し（民法1012①），遅滞
なく，相続財産の目録を作成し，これを相続人に交付し（民法1011①），その
後，名義書換などの遺言内容の実現行為を行います。遺言執行者は，相続人と
の関係で，委任契約における受任者に準じた義務（善管注意義務，報告義務，
受取物の引渡義務等）を負担します（民法1012③，644，645～647）。

　遺言執行者がある場合には，相続人は，相続財産の処分その他遺言の執行を妨げる行為を行うことができず，そのような行為を行っても無効となります（民法1013①②）。

　遺言執行者は，遺言で定めた報酬又は裁判所が定めた報酬を受け取ることができ（民法1018①），執行に要する費用は相続財産の負担となります（民法1021）。

　任務懈怠などの正当な事由がある場合には，利害関係人は裁判所に遺言執行者の解任を請求することができます（民法1019①）。

　以上によれば，ご質問のように不動産，金融機関の預金について，相続させる旨の遺言がある場合には，その名義書換は遺言執行者によって行われることになります。ただし，遺言の内容どおりであれば，その利益を受ける相続人が自ら名義を書き換えることも可能です（民法1014②③参照）。

(2)　換価遺言が行われた場合

　遺言によっては，遺言執行者が遺産を換価して，相続債務を弁済し現金を相続人や受遺者に配分するべきことを定めている場合があります。

　この場合，①相続債務を負担したのは誰なのか，②遺産を換価することにより譲渡所得が発生した場合，その譲渡所得税を負担するのは誰なのかといった問題が発生します。

　これらは，いずれも遺言の解釈により，私法上の法律関係を整理するほかないものと考えられます。

　例えば，①については，相続人が法定相続分に従って相続債務を負担した上，換価代金から債務相当額を受領して弁済したという法律構成も考えられますし，包括遺贈ないし負担付遺贈により受遺者が債務を負担（弁済）したという法律構成など，いずれの解釈の余地もあり得ます。

　また，②については，(イ)遺産は相続人全員に共有されているため，その税金は相続人が法定相続分に従って負担すると解するのが素直な解釈であると考えられます。他方で，(ロ)遺言者が，換価前の財産について，換価代金の配分を受ける相続人や受遺者にその配分割合に従って共有させた上で，遺言執行者に換価させたもの（その上で配分割合に従って代金を配分させたもの）と解される

場合には，配分割合に従った共有持分を相続人や受遺者が取得した上で換価したものですから，譲渡所得税はその割合に従って配分を受ける相続人や受遺者が負担することになります。このように，遺言の解釈によって結論が異なり得ると考えられます。

　さらに，そもそも，換価代金の分配に与らない相続人がいる場合（換価代金は別の相続人や受遺者に配分することが遺言で定められている場合）に，その相続人が換価前には法定相続分に従って共有していることを理由に譲渡所得税を負担することについては不合理であり，実質所得者課税の原則（所法12）に照らしても上記の結論は採用できないとして，常に(ロ)のように解すべきという考え方もあるようです。

(3)　遺言の内容と異なる遺産分割

　遺言がある場合にも，全相続人の合意により遺言と異なる遺産分割ができると解されています（前記**34**参照）が，遺言執行者がある場合には，遺言の執行の妨害行為の禁止（民法1013）との関係が問題となります。

　遺言と異なる内容の遺産分割を行うと，遺言の内容を実現する遺言執行者の義務と衝突するため，遺言の執行を妨げる行為に当たり得るからです。遺言と異なる遺産分割を行う場合には，遺言執行者の同意を得ることが必要であるといわれており，遺言執行者は遺言者の生前の意向を斟酌しつつ，同意を行うか否かを決定すべきものといわれています。

　もっとも，遺言執行者の同意を得ないまま，遺言と異なる遺産分割を行った場合の効果については，少なくとも私法上は贈与・交換の組み合わせとして有効であるものと解した裁判例[5]があります。ただし，このような解釈に立った場合の課税関係については，交換については譲渡所得，贈与については贈与税が発生すると解することが可能になり得ますが，実際に課税された事例があるか否かは明らかではありません[6]。

5　東京地判平成13年6月28日（判タ1086号279頁）（前記**34**注2参照）
6　国税庁タックスアンサーNo.4176（前記**34**注4参照）では，受遺者である相続人から他の相続人に対して贈与があったものとして贈与税が課されることはないとされています。

36 遺言の検認

> **Q** 父は，自筆証書遺言を残しました。私にすべての遺産を相続させるというものですが，弟は，遺言書を作成した当時，父は認知症であったので，遺言は無効と主張しています。家庭裁判所で検認を受けることができましたので，弟の主張には理由がないと考えてよろしいでしょうか。

A 遺言書の検認は，遺言書の現在の状態を確認して記録に残すものであって，遺言の有効・無効を判断する手続ではありません。

解説 ··

(1) 遺言書の検認

　遺言については，公正証書遺言及び自筆証書遺言書保管制度を利用した場合（民法1004②，法務局における遺言書の保管等に関する法律11）を除き，家庭裁判所の検認の請求をしなければなりません（民法1004①）。遺言書が封印されている場合には，その開封も検認手続の中で行われます（同③）。なお，検認の手続を怠った場合には，過料に処する旨規定されています（民法1005）。

　遺言書の検認手続は，具体的には，家庭裁判所に申し立てると，相続人に検認期日が連絡され，その期日において，出席した相続人又はその代理人の前で，裁判官が遺言書を開封して確認し，出席者に被相続人の筆跡と一致するか否かの一応の意見を求めて，遺言書の状況とともに記録に残すという方法により行われます。なお，申立人（ないしその代理人）は検認期日に出頭しなければなりませんが，他の相続人は欠席しても構いません。

　検認終了後，「検認済証明書」を申請して，証明書付きの遺言書を受け取れば手続は完了です。通常，検認済証明書がないと，金融機関などで名義書換を

行うことや不動産についての相続登記を行うことができません。

　家庭裁判所に検認を申し立ててから，手続が終了するまでは，通常は1か月程度かかります。ただし，裁判所が混雑する時期には2か月以上かかる場合もあります。

(2)　検認を行う際の注意点

　自筆証書遺言を保管，発見した場合には，検認を受ける必要がありますが，検認は遺言書の現在の状況（形状や加除訂正の状態，日付，署名など）を明確にして，遺言書の偽造・変造を防止するための手続であって，遺言の有効・無効を判断するものではありません。したがって，遺言の有効・無効については，無効確認訴訟等により，その効力について確定することになります。

　大審院大正4年1月16日[7]は，「遺言書ノ検認ハ……遺言書ノ状態ヲ確証シ後日ニ於ケル偽造若クハ変造ヲ予防シ其保存ヲ確実ナラシムル目的ニ出ルモノナルヲ以テ検認ノ実質ハ遺言書ノ形式態様等専ラ遺言ノ方式ニ関スル一切ノ事実ヲ調査シテ遺言書其者ノ状態ヲ確定シ其現状ヲ明確ニスルニ在リテ遺言ノ内容ノ真否其効力ノ有無等遺言書ノ実体上ノ効果ヲ判断スルモノニアラス」と判示しています。

(3)　課税上の留意点

　遺言としての有効・無効は，家庭裁判所の検認を受けるか否かでは定まりません。また，検認を受けずに遺言を開封したとしても，これにより遺言が無効になるわけではありません。

　したがって，遺言書がある場合には，遺言が無効であるとの前提に立つ場合を除き，検認を受けていない場合であっても，遺言書に基づく相続税の申告を行う必要があります。

7　大民録21輯8頁

37 特定遺贈と包括遺贈

Q 父が亡くなり，公正証書遺言を開封したところ，内縁の妻に5,000万円，長男の私に2,000万円と不動産のほか残りの財産を相続させる旨の内容でした。葬式費用200万円は内縁の妻が負担しました。内縁の妻にも財産を相続させないといけないでしょうか。

A 内縁の奥様はあなたと同様に相続税の申告と納税が必要ですが，その計算上葬式費用は債務控除の対象とはなりません。また，内縁の奥様は相続税額の２割加算が適用されます。公正証書遺言における内縁の奥様に対する特定遺贈は有効と思われます。なお，法定相続人があなた１人である場合，「不動産のほか残りの財産」の時価が3,000万円未満であるときは遺留分侵害額請求の検討が可能と思料します。

解説 ……………………………………………………………………………………

被相続人（遺言者）が，遺言により，自己の意思に沿って遺産を承継させる方法としては，大きく分けて，遺贈と特定財産承継遺言（いわゆる「相続させる」旨の遺言）があります。

さらに，遺贈は特定遺贈と包括遺贈に分かれます（民法964）。遺贈により財産を受ける受遺者は，相続人に限らず第三者でも差し支えありません。

また，遺言者は遺産分割の方法を定めることができる（民法908①）とされており，この遺産分割方法の指定として，遺産に属する特定の財産を共同相続人の１人又は数人に承継させる旨の遺言のことを，特定財産承継遺言といいます（民法1014②）。

遺言により特定の財産を承継させるという意味で，特定遺贈と特定財産承継遺言は機能が類似しますが，特定遺贈の受遺者は相続人でも第三者でもあり得

るのに対し，特定財産承継遺言は遺産分割方法の指定であるため，財産を承継する主体は相続人でなければなりません。

　もっとも，相続人以外に対して「相続させる」旨の遺言がされた場合には，多くの場合は遺言者の真意は遺贈であったと解して，遺贈としての効力を認めることになるものと考えられます。

(1)　特定遺贈

　特定遺贈は，遺言により目的物を特定して財産を受遺者（「特定受遺者」といいます。）に承継させるものです。特定受遺者は，遺言者の死亡後，いつでも遺贈を放棄することができます（民法986①）。遺贈が放棄された場合，その効果は最初からなかったものとされることから，遺贈の対象であった財産については，共同相続人の遺産分割協議により帰属者を定めることになります（民法995）。

　相続税の申告後において，遺贈の放棄があり，受遺者がこれを理由として更正の請求を行った場合，遺贈の放棄によって利益を受けた共同相続人に対しては，その更正の請求のあった日から1年間について，更正又は決定処分ができることとされています（相法35③）。なお，特定受遺者は遺言により特定された財産を取得することができますが，それ以外の財産については取得することができません。また，借入などの債務については，遺言で負担として指定されない限り，負担することはありません。

　不動産の特定遺贈の場合には，受遺者と相続人すべて（登記義務者）の共同申請により登記を行うことが原則です（不動産登記法60）が，受遺者が相続人である場合には，受遺者が単独で登記を申請することができるとされています（同法63③）。

(2)　包括遺贈

　包括遺贈は，遺言により債務も含めて包括的に遺産の遺贈を行うものです（民法964）。遺産の全部を包括遺贈することもできますし（「全部包括遺贈」といいます。），一定割合（例えば，遺産の3分の1）として包括遺贈することも

できます（「割合的包括遺贈」といいます。）。

　このため，包括受遺者は，相続人と同一の権利義務を有するものとされています（民法990）。包括受遺者が遺贈による権利義務の承継を阻止するためには，相続人と同様に，熟慮期間中の相続放棄の手続が必要となります。

　割合的包括遺贈の場合には，受遺者は相続人と同様に，他の相続人と協議して遺産分割の内容を定める必要があります（協議がまとまらない場合には調停・審判となることも同様です。）。

　受遺者が第三者である場合には，包括遺贈はいわば相続人を増やすに等しい効果があります。受遺者が相続人である場合には，相続分の指定なのか，包括遺贈なのかはっきりしなかったり，また，債務の負担がある場合にも，包括遺贈とは限らず負担付特定遺贈である可能性もあるなど，必ずしも明瞭ではない場合も考えられますが，最終的には，遺言者の意思＝真意の解釈によるものと考えられます。

　なお，相続や包括遺贈では不動産取得税は「非課税」となりますが，相続人以外の第三者への特定遺贈は不動産取得税として不動産評価額に対し一定の税率が課税されます。この不動産評価額とは固定資産税評価額のことで，税率は「３％」（土地や住宅用の建物）又は「４％」（店舗や事務所）となります。

(3)　特定財産承継遺言

　特定財産承継遺言が行われた場合には，遺言者の死亡により，その相続人が当然にその財産を取得し，遺産分割協議を経ることなく，取得者は単独で不動産の登記や預金の払戻しを行うことができます。

　特定財産承継遺言では不動産の登記について取得者が単独で申請できる（不動産登記法63②）点で，特定遺贈と異なるとされてきましたが，上記(1)のように受遺者が相続人である場合には受遺者が単独で登記申請できることになったため，その差は狭まりました。

(4)　内縁とは

　内縁とは，事実上の婚姻ではあるものの，婚姻届を欠く場合をいい，法律上

の婚姻とは認められません。

　法律婚と内縁の違いの一つは，内縁の場合には，お互いがお互いを相続しないということです。このため，内縁の配偶者に遺産を残すためには，遺贈（包括遺贈又は特定遺贈）によることになりますが，以下の点に注意が必要です。

①　相続税の計算における基礎控除

　遺贈も相続と同様に「人の死亡が起因」となるため，相続税が課税されます。相続税は，「課税遺産総額」から「基礎控除額」を差し引いた価額に対して課税され，この基礎控除額は，「3,000万円＋600万円×法定相続人の数」により計算します。

　受遺者は基礎控除額の計算における「法定相続人の数」には含まれません（なお，受遺者が法定相続人である場合には，受遺者としてはカウントされませんが，法定相続人としてはカウントされます。）。

　また，受遺者が法定相続人以外の人である場合，相続税額の2割加算が適用されます。

②　債務控除等

　相続税法において債務を差し引くことができる人は，相続人及び包括受遺者（相続時精算課税の適用を受ける贈与により財産を取得した人を含みます。）に限られます。特定受遺者が債務を負担するのは負担付遺贈[8]の場合と考えられ，このような場合は，その財産の価額から負担額を控除した価額を課税価格とします（相基通11の2－7）が，特定受遺者が葬式費用などの債務を負担しても相続税の計算上，債務控除を行うことはできません（相法13）。

③　登録免許税の税率

　遺贈によって法定相続人以外の受贈者が不動産を取得した場合，相続登記の際に課税される登録免許税の税率が高くなります。

　相続の場合や遺贈を受けた人が法定相続人であれば，登録免許税の税率は「登記時点の固定資産税評価額の0.4％」ですが，遺贈を受けた人が法定相続人以外の人であれば，「登記時点の固定資産税評価額の2％」です。

8　例えば，賃貸マンションを贈与する代わりに，そのマンションに係る借入金を負担させるなど，遺贈の相手方に一定の負担を負わせる遺贈をいいます。

(5) 本事例の課税関係

　内縁の妻は民法上の相続人とはならないことから，相続税法上の法定相続人の数には含まれません。そのため，相続税の基礎控除額の計算における法定相続人の数に含まれないこと，配偶者に対する相続税額の軽減を受けられないことなど課税上の利益を受けることができません。遺言は「内縁の妻に5,000万円を相続させる」旨の内容ですが，内縁の妻への遺言は特定遺贈と解されます。

　よって，内縁の妻の相続税の計算上，葬式費用を控除することはできません。内縁の妻と相談者の関係にもよりますが，総体としての相続税額の負担を軽減させるなら，葬式費用の支払者を相談者とすることも選択肢の一つです。

(6) 本事例における遺留分侵害額の計算

　法定相続人が相談者（長男）1人である場合の遺留分は法定相続分の2分の1となり，遺留分侵害額の計算は次のように行います。

【計算例】

① その他の財産が3,000万円の場合
- 相談者の相続分

　2,000万円＋3,000万円＝5,000万円……イ
- 相談者の遺留分額

　（5,000万円（内縁の妻の相続分）＋イ）×1／2＝5,000万円……ロ
- 遺留分侵害額

　ロ － イ ＝ 0円

② その他の財産が1,000万円の場合
- 相談者の相続分

　2,000万円＋1,000万円＝3,000万円……イ
- 相談者の遺留分額

　（5,000万円（内縁の妻の相続分）＋イ）×1／2＝4,000万円……ロ
- 遺留分侵害額

　ロ － イ ＝ 1,000万円

☕ Column｜エンディングノート等を活用した相続税対策

　高齢化社会，相続（争族）対策，認知症対策，おひとり様の増加などの観点から，エンディングノートやライフノートが注目されています。

　日本財団によると，「既に公正証書遺言書を作成している」は1.5%，「既に自筆証書遺言書を作成している」は2.0%で，遺言書作成済みの人は全体の3.5%となっています。「近いうちに作成しようと思っている」の12.2%，「エンディングノートは作成した」の4.5%を加えると，全体の20%が作成・作成予定という結果になっています。そして，このうち，遺言書作成済みの人の3.5%を上回る4.5%の人がエンディングノートを作成したということです。

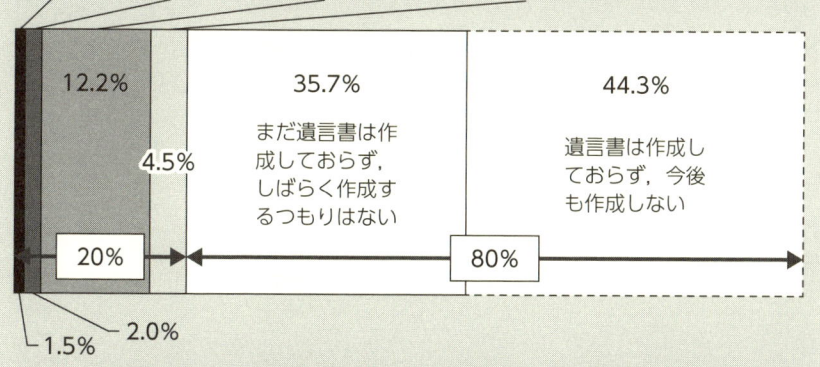

（出所）　日本財団「遺言・遺贈に関する意識・実態把握調査要約版」（2023年1月5日）

　エンディングノートとは，自分自身に何かあったときに備えて，ご家族が様々な判断や手続を進める際に必要な情報を残すためのノートです。また，ライフノートとは，これからの人生をさらに充実させるためのノートです。これらのノートは，生活の備忘録として，そして，これまでの人生を振り返り，これからの人生を考えるきっかけ作りにするものです。

　さらに，事業承継に特化した「バトンタッチノート」と呼ばれるものなど多種市販されています。

　これらのノートは，記載する内容に法的制約がないため，書き手は自身に適したノートを選んで書きたいことを綴ることができます。よって，「認知症対策」，「孤独死対策」，「空き家対策」などの観点から自治体が企画・作成したエンディングノートを無料配付するケースも多数あります。

　エンディングノートには，「家系図」のほか「不動産」，「金融資産」，「借入金」など資産・負債の状況，「家族に対する想い」，「自身の相続開始後の財産等の承継」などを記載する項目が設けられていることから，これらの項目を確認することによって，顧客の人柄やこれまでの生き方，財産を次代にどのように承継していきたいのかを容易に把握することができます。そして，家族状況，財産の状況から具体的な相続税対策を検討することが可能となります。検討の過程において，顧客に対して遺言書の作成を促す場面も多々あることでしょう。

　相続税対策の入り口，遺言書の準備段階を形作るものとしての機能もあり，エンディングノートやライフノートを活用することで，効果的な相続税対策を企画することが可能になると思料します。

第 **8** 章

遺産分割

38 相続放棄と遺産分割協議

Q 事業経営を行っていた夫が亡くなりました。相続人は配偶者である私と長男の2人です。長男に事業を継がせるため，私は死亡保険金300万円を受け取り，相続放棄をしようと思います。相続財産は夫名義の居宅，事業用資産，金融資産のほか銀行借入があります。

A 相続の放棄には，家庭裁判所に申立てをする相続放棄と，法的手続を経ずに実際には遺産を相続しない事実上の相続放棄があります。銀行借入を一切引き継ぎたくない場合は家庭裁判所に申立てをする相続放棄をする必要があります。相続税の計算における生命保険金の非課税の適用を受けようとする場合は，事実上の相続放棄により自身は財産を取得しないこととする遺産分割協議を行うとよいでしょう。

解説··

「相続放棄」という言葉は，民法上の相続放棄と事実上の相続放棄の2通りの意味で用いられることがあります。

(1) 民法上の相続放棄

民法上の相続放棄とは，亡くなった人の遺産について相続人としての地位を放棄することをいいます。法律用語として「相続放棄」という場合には，正式には，民法上の相続放棄を指します。相続放棄をするには，相続の開始を知ってから3か月以内に家庭裁判所に申述書を提出する方法により行わなければなりません（民法915，938）。

相続放棄をすると，被相続人のプラスの財産もマイナスの財産も相続しません。

　相続放棄をした人は，初めから相続人でなかったことになります（民法939）。そのため，遺産分割協議に参加する必要はありません。また，代襲相続も認められません。さらに，先の順位の相続人の全員が相続放棄をした場合は，次の順位の相続人に遺産相続の権利が引き継がれます。つまり，被相続人に多額の借入金があり，子の全員が相続放棄を行えば，放棄をした相続人である子に債務が及ぶことはありませんが，第2順位の被相続人の直系尊属が相続人になり，この直系尊属がいないか，相続放棄をすると，第3順位の兄弟姉妹に引き継がれることになります。

　なお，一度相続放棄の手続をすると，撤回はできません（民法919①）。

(2)　事実上の相続放棄

　事実上の相続放棄とは，上記(1)の法律上の手続による相続放棄を行うことなく，実際には相続財産を取得しないことをいいます。

　遺産分割協議は，「遺産に属する物又は権利の種類及び性質，各相続人の年齢，職業，心身の状態及び生活の状況その他一切の事情を考慮してこれをする。」（民法906）ことから，諸般の事情を考慮して法定相続分があるにもかかわらず，一切の財産を取得しない協議をすることができます。このため，遺産分割協議の際に，他の相続人に財産を取得しない旨を伝え，自身の相続分をゼロとする遺産分割協議書を作成します。一般的には，これを事実上の相続放棄といいます。

　なお，登記実務においては，相続人が生前に被相続人から特別受益を受けており，法定相続分を上回っているものとして，特別受益者の相続分が実質的にないことを特別受益者自身が認め，署名・捺印した「相続分がない旨の証明書（相続分のないことの証明書）」を作成し，この証明書に印鑑証明書を添付して，他の相続人への単独相続登記申請などの相続手続をすることも行われています。しかし，後日，真に財産を取得しない意思であったものか，登記手続の便法にすぎなかったのか，争われることがあります[1]。

1　奈良地判昭和55年1月28日（判タ420号121頁），東京地判平成30年7月12日（判タ1471号196頁）

　そのほか，自己の相続分を他の相続人に譲渡することでも同様の目的を達することができます（後記**39**参照）。共同相続人間の相続分の譲渡は，実質的に相続分の割合の変更です[2]から，自身の相続分を譲渡した相続人は，相続財産を取得することがなくなり，その相続分を譲り受けた相続人の相続割合が増加します。

　なお，相続分を譲渡した人の相続（譲渡人が被相続人となる相続）において，譲受人が譲渡人の相続人である場合，この無償譲渡は特別受益となる生前贈与に当たり得るとされています[3]。

(3)　事実上の相続放棄のメリットとデメリット

①　メリット

　遺産分割協議書による事実上の相続放棄は相続人間の合意で成立しますので，家庭裁判所での法的な手続は不要です。また，民法上の相続放棄は相続開始があったことを知った時から3か月以内に家庭裁判所に申し立てなければなりませんが，事実上の相続放棄に期限はありません。

　また，上記(1)のとおり，民法上の相続放棄を行うと，次順位の相続人が法定相続人となることがありますが，事実上の相続放棄ではそのようなことはありません。

②　デメリット

　民法上の相続放棄をすると，プラスの財産もマイナスの財産（債務）も承継しませんが，被相続人に借入金などの債務がある場合，事実上の相続放棄をしても，債権者には対抗できません。民法上の相続放棄を行わない限り，法的には相続人の地位にあるためです。

　なお，事実上の相続放棄は，遺産分割協議を行ったものですから，「相続の単純承認」事由に該当しますので，事実上の相続放棄を行った後に民法上の相続放棄はできません。

2　最判平成13年7月10日（民集55巻5号955頁）
3　最判平成30年10月19日（民集72巻5号900頁）

⑷　課税上の留意点等

　相続税法上，「相続人」という場合は，相続を放棄した人及び相続権を失った人を含みません（相法3①）。したがって，相続を放棄した人及び相続権を失った人が取得した保険金については，非課税の適用を受けることはできません（相法12①五）。ここでいう相続を放棄した人とは，民法上の相続放棄（家庭裁判所に申述書を提出して相続を放棄するもの）を行った人をいい，事実上の相続放棄を行った人を含みません。

　一方，相続人は，民法上の相続放棄と事実上の相続放棄にかかわらず，放棄をした相続人を含む相続人の数に応じた非課税枠の金額や基礎控除額を利用することができます（相法12①五，15②）。この非課税枠の金額や基礎控除額（3,000万円＋600万円×法定相続人の数）は，相続放棄がなかったものとして考えますので，相続税の総額は変わりません。また，配偶者が相続放棄をしても，配偶者に対する相続税額の軽減の適用を受けることはできます（相基通19の2－3）。

⑸　本事例における相続放棄

　民法上の相続放棄又は事実上の相続放棄にかかわらず，基礎控除額は4,200万円（3,000万円＋600万円×2人）です。また，配偶者に対する相続税額の軽減を使うこともできます。民法上の相続放棄を行うと，生命保険金等の非課税枠が利用できないことから，借入金の有無・多寡及び誰がその借入金を負担するのか等を検討の上，民法上の相続放棄をするのか，事実上の相続放棄をするのか決定するとよいでしょう。

39 相続放棄と相続分0円での譲渡の違い

Q 夫が亡くなりましたが，私は遺産を相続するつもりはありません。知人から，相続放棄をしても相続分を0円で子供に譲渡しても同じであり，相続分を譲渡するのであれば，家庭裁判所への申述は不要と聞きました。

A 相続分の譲渡は譲渡人と譲受人の合意があれば成立しますが，家庭裁判所に申述が必要な相続放棄と異なる手続であり，法的効果も異なります。

相続分の譲渡人は相続人としての立場がなくなるわけではありませんので，相続分の譲渡をもって被相続人の債権者に対抗できないことなどに留意が必要です。

解説 ……………………………………………………………………………………

(1) 相続分の譲渡

相続分の譲渡とは，自身の相続分（地位）を他の人に譲り渡すことです。民法は，「遺産の分割前にその相続分を第三者に譲り渡したとき」（民法905①）と規定し，相続分の譲渡を想定しています。具体的には，遺産分割をする前に被相続人の相続財産に対する持分割合そのものを「他の相続人（共同相続人）」や相続人以外の「第三者」に売却あるいは贈与することを相続分の譲渡といいます。

相続分の譲渡をするに当たって，他の相続人の同意は不要となるため，譲渡人と譲受人の合意のみで相続分の譲渡は成立します。相続分の譲渡には，特別な手続は不要で，法律的には「口頭の合意」でも成立します。ただ，口頭では相続分の譲渡があった事実を証明できず，トラブルになる可能性があるので，通常は，「相続分譲渡証明書」などを作成します。

　相続分の譲渡は，相続分の全部のみならず，一部譲渡をすることも可能です。あくまで相続分の譲渡であるため，特定の財産を指定した一部譲渡はできません。また，譲渡は有償でも無償でも構いません。

　実務上，相続分の譲渡は，第三者に対する譲渡は稀で，他の相続人に譲渡するケースがほとんどです。遺産を承継する意思がなく，遺産分割協議から脱退するために無償で譲渡する場合や，相続人の数が多く全員での協議が困難であることから，協議当事者を減らすために，他の相続人に相続分を譲渡する（協議に参加する当事者が譲り受ける）場合などがあります。

(2)　相続分の譲渡と相続放棄の違い

　相続分の譲渡は，その相続人が相続人の地位にあることを前提に，「相続分」を他の相続人や第三者に譲るため，相続人としての立場が変わるわけではありません。一方，相続放棄[4]は，その相続人の「相続権そのもの」を放棄するため，相続人でなくなります。

　相続分の譲渡をしても，相続人であることに変化はないため，被相続人に借金など債務があった場合，債権者から返還請求されたときには，それに応じなければなりません。これは，相続分の譲渡のデメリットといえます。一方，家庭裁判所に相続放棄の申述書を提出して受理されれば相続人ではなくなるため，債権者からの返還請求に応じる必要はありません。

　また，相続分の譲渡の場合，相続分を譲渡する側の相続人が，「誰」に相続分を譲渡するかを決めることが可能です。相続分を無償でも有償でも譲渡することができます。しかし，相続放棄の場合は，最初から相続人ではなかったことになります。そのため，これを前提に民法の規定により他の相続人の相続分が定まることになり，自分の望む相続人（のみ）の相続分が増加するとは限りません。

4　ここでいう「相続放棄」とは，民法上の相続放棄のことをいいます（前記**38**参照）。

⑶ 相続分の譲渡に係る課税関係

① 他の相続人に無償譲渡した場合

譲受人は,「譲受人の本来の相続分＋譲渡された相続分」が,相続税の課税対象となります。この場合,無償譲渡であっても遺産分割協議の一部であると解されるため,譲受人に贈与税は課税されません。

譲渡人は,相続分をすべて譲渡すれば税金は一切かからず,一部譲渡をした場合は「譲渡しなかった相続分」が相続税の課税対象となります。

② 他の相続人に有償譲渡した場合

譲受人は,対価として有償額を支払うため,「譲受人の本来の相続分＋譲渡された相続分と有償額の差額」が相続税の課税対象となります。

譲渡人は,「有償金額」が,相続税の課税対象となり,代償分割と同じ扱い（後記**41**参照）となります。

また,相続分の譲受人が不動産などを譲渡対価として権利を移転した場合には,相続分の譲受人（不動産の譲渡人）に譲渡所得税の負担が生じることがあります。

③ 第三者に無償譲渡した場合

譲受人は,対価として有償金を支払っていないため,「譲渡された相続分」が贈与税の課税対象となります。

譲渡人は,相続分の譲渡をしても相続人の地位は残るため,第三者に譲渡した相続分に係る相続税の負担が残ります。

④ 第三者に有償譲渡した場合

原則として,譲受人に税金はかかりませんが,有償額が著しく低額なケースであれば贈与税が課税される可能性があります。

譲渡人は,相続分の譲渡をしても相続人であることに変わりはないため,第三者に譲渡した相続分に係る相続税の負担が残ります。また,遺産である不動産などの譲渡対価について譲渡所得税の負担が生じることがあります。

⑤ 第三者が法人である場合

有償又は無償を問わず,譲渡人は相続税の負担が残るだけでなく,遺産であ

る不動産などの譲渡対価について譲渡所得税の負担が生じることがあります（所法59）（前記**16**(2)②参照）。また，譲受人である法人において，譲り受けた財産の時価と対価の差額について法人税の課税対象となります（前記**16**(2)①参照）。

(4)　他の相続人へ相続分の譲渡を行うときの留意点

　共同相続人間でされた無償の相続分の譲渡は，その相続分に財産的価値があるとはいえない場合を除き，この譲渡をした人の相続（譲渡人が被相続人となる相続）において，譲受人が相続人であった場合には，特別受益に該当する生前贈与に当たるとされています[5]。

　このため，他の相続人に相続分の無償譲渡をすると，その譲渡した相続分は，将来，譲渡人が被相続人となる相続において遺産分割で考慮されたり，遺留分侵害額請求の対象になる可能性があります。

(5)　第三者へ相続分の譲渡を行うときの留意点

　第三者に相続分の譲渡を行った場合，他の相続人が「相続分の取戻権」を行使すれば，他の相続人は譲渡された相続分を取り戻すことができます（民法905①②）。相続分の取戻権は第三者に対して相続分の譲渡があった時から1か月以内に行使をする必要があり，その第三者に対しては対価を支払う必要があります。

　第三者に相続分が譲渡された場合には，その第三者が遺産分割協議に参加する権利を得ますので，遺産分割協議がまとまりにくくなる可能性が高まります。

5　最判平成30年10月19日（民集72巻5号900頁）（前記**38**注3参照）

40 遺産分割協議の種類と留意点

> **Q** 父が亡くなりました。遺産は自宅とアパート1棟とわずかな現預金です。相続人は私を含めて兄弟3人ですが，どのように遺産を分ければよいでしょうか。

A 法定相続人が複数人いる場合，相続財産はそれぞれの法定相続分による共有（共同相続）状態となります。共有状態となった相続財産を相続人間の協議によって分割し，財産を相続する人を決めることによって，各相続人が自由に処分できるようになります。各相続人の法定相続分と異なる割合での遺産分割も可能です。

遺産分割には，現物分割，代償分割，換価分割及び共有分割の方法があります。それぞれの分割方法のメリット・デメリットを踏まえて，最善の分割方法を選択します。

解説 ……………………………………………………………………………

(1) 現物分割

現物分割とは，現物の遺産をそのまま分け合う分割方法をいいます。現物の遺産の価値がそれぞれ異なっていても，相続人全員の同意があれば現物分割ができます。

例えば，複数の不動産が遺産としてある場合に，相続人Aは甲土地，相続人Bは乙土地，相続人Cは丙土地といった具合に，各相続人がそれぞれ不動産を取得する場合や，大きな1筆の土地を相続人の数だけ分筆して，分筆後の各不動産を各相続人が取得する場合などです。

遺産分割とは，「遺産」を相続人間で「分割」するものですので，遺産の分

割方法としては，現物分割が原則的な方法であり，相続人間にとってもわかり
やすいといえます。

　もっとも，土地を分筆するためには時間と費用がかかるばかりか，分筆後の
面積では建物を建てられなくなってしまい，分筆により不動産としての資産価
値を毀損してしまう場合があり，現物分割を選択すべきではないケースもあり
ます。また，建物の場合，特に戸建住宅のような建物については，そもそも物
理的に分けることができません。

　遺産の大半が現預金である場合，遺産の種類が多く現物でも公平に分割でき
る場合，すべての相続人が現物分割について納得している場合など，遺産分割
をスムーズに終わらせたいときは，現物分割を選択するとよいでしょう。

　実務上は，代償金の支払（代償分割）を併用する場合が多くあります。

(2)　代償分割

　代償分割とは，特定の相続人が遺産を現物のまま相続して，代わりに他の相
続人に自己の現金その他の固有財産を与える分割方法をいいます（後記**41**参
照）。

　代償分割のメリットとしては，複数の相続人間で平等に遺産分割を行えるこ
と，不動産などの遺産を売却せずにそのまま相続できること，共有分割による
デメリットを避けられることが挙げられます。また，相続税の計算において，
各種特例や控除の要件を満たす相続人が代償分割を選択して財産を取得するこ
とで，結果として相続人全員に課税される相続税の負担軽減につながるという
メリットもあります。

　なお，代償金は相続税の課税対象となる財産ですので，受け取った相続人に
贈与税や所得税は課税されません。代償金を支払った人の課税価格の合計は代
償金を差し引いた金額となります。

　代償分割は，不動産の現物分割が難しい場合の分割方法として有用であり，
実務でも非常に多く採用される分割方法です。

　もっとも，取得者には代償金の原資を確保する負担が生じることと，代償金
は，遺産の相続税評価額によって定めるものではなく時価を基準として定める

ことになることから，不動産を取得する側と取得しない側で，不動産の評価額に対するインセンティブが異なります（例えば，取得者側は不動産を低く評価したいと考える一方で，非取得者側は不動産を高く評価したいと考える。）。そのため，不動産の評価をめぐって非常に紛争になりやすく，協議がまとまらない場合がある（調停，審判に進まざるを得ない）という難点があります。

また，代償分割の場合の代償財産の価額の計算においては，相続人間で代償財産の価額としての評価を合意していない場合には，時価と相続税評価額の調整計算を行うことが必要となります（相基通11の2−10）。

そのほか，代償金ではなく，代償財産（別の場所の土地など）を交付する場合には，代償財産を交付する相続人に譲渡所得税が発生する可能性がありますので，注意が必要です（後記**41**参照）。

(3) 換価分割

換価分割とは，現物の遺産を売却して金銭に換えて，その金銭を相続人間で分割する方法をいいます（後記**56**参照）。

換価分割は，対象となる現物を高く買ってもらえれば相続人全員にとって利益となる一方，安く買い叩かれればその不利益は相続人全員に帰するというように，相続人全員にとってフェアな分け方です。そのため，遺産の評価をめぐる紛争はほとんど生じませんし，相続税の納税資金の捻出もできる方法といえます。

一方，相続税の納税資金捻出のための売り急ぎにより希望額で売却できない可能性があること，売却関連費用（仲介手数料，測量費用など）がかかることがデメリットとして挙げられます。また，実際に特定の相続人が不動産を占有使用している場合，その相続人は出ていくことが前提となるため，そのようなケースではなかなか採用しづらい分割方法といえます。

課税上，売却益には譲渡所得税が課される可能性があることもデメリットの一つといえます（後記**56**参照）。

そのほか，換価代金を分割対象財産とすることを明確に合意しないまま換価してしまうと，換価代金が遺産分割の対象となるのか否かの争いが生じるおそ

れがあります。

　最高裁昭和52年9月19日判決[6]は、「共同相続人が全員の合意によって遺産分割前に遺産を構成する特定不動産を第三者に売却したときは、その不動産は遺産分割の対象から逸出し、各相続人は第三者に対し持分に応じた代金債権を取得し、これを個々に請求することができる」と判断しました。もっとも、売却代金を一括して共同相続人の1人に保管させて遺産分割の対象に含めるなどの合意をすること自体は否定していません（最判昭和54年2月22日[7]）。

　以上によれば、換価する際に遺産分割の対象とすることを合意しておかなければ、換価代金は遺産ではなく、各自に相続分に従って帰属するのではないかとの争いを生む可能性がありますので注意を要します。

(4)　共有分割

　共有分割とは、遺産を相続人間で共有するという内容で分割する方法をいいます。分割方法がなかなか決まらない場合や、いずれ時期をみて共同売却することに合意する場合などに選択される方法です。

　共有分割は、具体的相続分の割合で不動産を共有とするものなので、相続人間に不公平が生じることはありません。

　もっとも、共有分割の結果、遺産共有（暫定的な共有関係）から物権共有（確定的な共有関係）に移行しますが、共有不動産として管理・処分するためには共有者間での話し合いが必要となり、意見が一致しない場合にはトラブルになる場合があります。共有状態の解消を図るためには、共有物分割の手続を経る必要がありますので、相続人間に強い希望があり、共有としておくべき事情が認められるなどの事情がない限り、なるべく避けるべき分割方法といえます。

(5)　検討順序

　まず、最初に検討すべきは、①現物分割です。現物分割は、遺産を現物で分

6　集民121号247頁
7　集民126号129頁

割するものであり，原則的な分割方法といえますので，最初に検討されるべき分割方法となります。もっとも，不動産では，現物分割ができない，あるいはすべきではないケースが多々あります。

そこで，次に検討されるべきは，②代償分割です。代償分割もまた，現物分割と同様，不動産の性質や形状を変更せずに分割するものですので，優先して考えられるべき分割方法となります。しかし，代償金の原資確保や，評価額をめぐる紛争が生じやすいという難点があります。

現物分割も代償分割も難しいというケースで検討されるべきは，③換価分割です。換価分割は，不動産を売って分けるので，相続人間にとっては最もフェアな分割方法といえます。

ただし，特定の相続人が住んでいる場合など，実際には換価することが難しいケースにおいて，最終手段として検討されるのが，④共有分割です。共有分割は，具体的相続分で不動産を共有するもので，不動産の評価額は問題にならず，換価の手間もなく，遺産分割段階では最も波風が立たない分割方法といえます。しかし，確定的な共有関係に移行してしまうので，共有分割後においてトラブルに発展する可能性が残る選択肢といえます。

本事例においても，上記法的効果や課税関係を踏まえて分割方法を検討するとよいでしょう。

《遺産分割の検討順序》
① 現物分割……遺産の形状や性質を変えず現物で分割する
② 代償分割……特定の相続人が多くの遺産を相続し，他の相続人に代償金を支払う
③ 換価分割……遺産を換価し，その代金を分割する
④ 共有分割……遺産を相続人の共有状態とする

41 代償分割

Q 父の相続財産は同族会社の株式がほとんどです。この株式は私が相続し，妹には代償金を支払いたいと考えています。

A 代償分割をした場合には，相続税の課税価格の計算において，一定の調整計算が必要となる可能性があります。

解説 ··

(1) 代償分割をした場合の相続税の課税価格

代償分割をした場合の，相続税の課税価格の計算は，それぞれ次のとおりです（相基通11の2－9）。

① 代償財産の交付を受けた人

相続又は遺贈により取得した現物の財産の価額と交付を受けた代償財産の価額との合計額

② 代償財産の交付をした人

相続又は遺贈により取得した現物の財産の価額から交付をした代償財産の価額を控除した金額

なお，代償財産の交付により，交付した人の相続税の課税価格がマイナスになる場合には，相続税の計算上不利となるため，留意が必要です。

(2) 代償財産の価額

代償財産の価額は，代償分割の対象となった財産を現物で取得した人が，他の共同相続人又は包括受遺者に対して負担した債務（代償債務）の額の相続開始の時における金額によります。

ただし，次の場合には，代償財産の価額はそれぞれ次のとおりとなります（相基通11の2－10）。

① 代償分割の対象となった財産が特定され，かつ，その財産の代償分割の時における通常の取引価額をもととして代償債務の額が決定されているとき

次の算式により計算した金額

$$代償債務の額 \times \frac{代償分割の対象となった財産の相続開始の時における相続税評価額}{代償債務の額の決定のもととなった代償分割の対象となった財産の代償分割の時における価額}$$

② 共同相続人及び包括受遺者の全員の協議に基づいて代償財産の額を①の算式に準じて又は合理的と認められる方法によって計算して申告があった場合

その申告があった金額

【事例】[8]

相続人甲は，相続により土地（相続税評価額4,000万円，代償分割時の時価5,000万円）を取得する代わりに，相続人乙に対し現金2,000万円を支払いました。

① 甲の課税価格：4,000万円－2,000万円＝2,000万円

② 乙の課税価格：2,000万円

ただし，代償財産（現金2,000万円）の額が，相続財産である土地の代償分割時の時価5,000万円をもとに決定された場合には，甲及び乙の課税価格はそれぞれ次のように計算します。

① 甲の課税価格：4,000万円－2,000万円×（4,000万円÷5,000万円）＝2,400万円

② 乙の課税価格：2,000万円×（4,000万円÷5,000万円）＝1,600万円

(3) 代償財産として相続人固有の資産を交付した場合

代償債務の履行として固有資産の移転があったときは，その履行をした人はその履行をした時において，その資産を譲渡したこととなります（所基通33－1の5）。この場合，代償債務の履行をした人について，所得税が課される可能性があります。

8　国税庁タックスアンサーNo.4173「代償分割が行われた場合の相続税の課税価格の計算」

42　遺産分割のやり直し

> **Q**　母が亡くなり，このたび，長女の私，次女，弟の3人で遺産分割協議を行い相続税の申告を済ませました。ところが，申告が済んでから，弟が取り分が少ないと主張し，遺産分割のやり直しを行うことにしました。遺産分割のやり直しは可能でしょうか。また，やり直す場合に，税務上何か影響はありますか。

A　遺産分割のやり直しは可能です。ただし，税務上は，遺産分割のやり直しを行った場合には，その財産を分割により取得したとは認められません。

　本事例では，既に相続税の申告を済ませているということですから，その申告内容と異なる分割をやり直す場合には，贈与税や譲渡所得税が課される可能性があります。

解説··

(1)　相続税法における「分割」の意義

　相続税法における「分割」とは，相続開始後において相続又は包括遺贈により取得した財産を現実に共同相続人又は包括受遺者に分属させることをいい，その分割の方法が現物分割，代償分割，換価分割又は共有分割であるか，またその分割の手続が協議，調停若しくは審判による分割であるかを問いません。ただし，当初の分割により共同相続人又は包括受遺者に分属した財産を分割のやり直しとして再配分した場合には，分割により取得したものとはなりません（相基通19の2−8）。

　そのため，一度遺産分割協議を行った後に，遺産分割のやり直しにより取得した財産は，相続により取得したものとはならず，分割により取得した者から，

贈与や交換により取得したものと解されることとなります。

(2)　遺産分割協議の合意解除

一方，最高裁平成 2 年 9 月27日判決[9]では，「共同相続人の全員が，既に成立している遺産分割協議の全部又は一部を合意により解除した上，改めて遺産分割協議をすることは，法律上，当然には妨げられるものではなく，上告人が主張する遺産分割協議の修正も，右のような共同相続人全員による遺産分割協議の合意解除と再分割協議を指すものと解される」として，合意解除[10]による遺産分割協議のやり直しが可能であることを認めています。

このように，私法上の法律関係として遺産分割協議の合意解除は認められていますが，合意解除によっては過去の相続税申告を修正することはできず（やや事案が特殊ですが，大阪高判平成27年 3 月 6 日[11]），むしろ，税務上は贈与や交換を行ったものと取り扱われることから，贈与税や譲渡所得税が課税される可能性があります。

9　民集44巻 6 号995頁
10　合意解除は，当事者間においていったん締結された契約の効力を消滅させる契約（解除契約）である（渡辺達徳編集『新注釈民法(11)Ⅱ債権(4)』（有斐閣，2023年）161頁）。
11　税資265号順号12622

相続開始後の対応

第 9 章

43 遺産分割協議中の二次相続

> **Q** 父が亡くなり，相続人である母（配偶者）と長女の私の2人で相続税の申告の準備を進めていたところ，申告期限を待たずして母も亡くなりました。遺産分割も済んでいません。

A 相続人が遺産分割協議の前に死亡した場合には，その死亡した人の相続人が代わりに遺産分割協議に参加することとなりますが，本事例では，もしお母様（配偶者）の相続人があなた（長女）のみである場合には，存命の相続人が1名のみであることから，もはや遺産分割協議を行う余地はなく，お父様の相続については未分割として相続税申告を行います。

解説

(1) 相続税の申告手続への影響

　相続税申告書を提出すべき人が，その申告書を提出しないで死亡した場合には，その人の相続人は，その相続開始を知った日の翌日から10か月以内に，その死亡した人の申告書を提出する必要があります（相法27②）。

　相続人がその死亡した人の申告義務を承継し，一次相続（本件父の相続）の相続税申告を行うこととなりますが，その申告期限は二次相続（本件母の相続）から10か月以内です。しかし，一次相続における母の申告期限が延びるのみであり，他の相続人の申告期限は延びませんから，共同相続人全員で一つの相続税申告書を提出する場合には，一次相続の元々の申告期限までに申告を行わなければなりません。

⑵　協議中に二次相続が発生した場合の配偶者に対する相続税額の軽減の適用可否

　協議中に相続人である配偶者が死亡して二次相続が発生した場合において，一次相続により取得した財産の全部又は一部が，一次相続に係る配偶者以外の共同相続人又は包括受遺者及びその配偶者の死亡に基づく相続に係る共同相続人又は包括受遺者によって分割され，その分割によりその配偶者の取得した財産として確定されたものがあるときは，配偶者に対する相続税額の軽減の適用を受けることが可能です（相基通19の2−5）。また，分割協議により確定した分割内容をもって，一次相続の相続税申告を行うこととなります。

　二次相続における相続税申告上は，分割により配偶者が取得した財産として確定された財産の価額を，配偶者固有の財産の価額に加算し，二次相続の相続税額を計算します。

⑶　配偶者の死亡により共同相続人が1名のみとなった場合

　一次相続が未分割のまま，共同相続人の死亡により，存命の相続人が1名のみとなった場合には，1人で遺産分割協議を行う余地はなく，一次相続については，未分割であるものとして相続税申告を行うこととなります。配偶者に対する相続税額の軽減の適用はなく，法定相続分で財産を取得したものとして（相法55），申告します。なお，遺産分割協議は口頭でも成立するため，遺産分割協議書の作成はしていなかったものの，二次相続の発生前に口頭で遺産分割協議が成立していたような場合には，「遺産分割協議証明書」を作成することにより，その分割内容に基づく相続手続が可能であると考えます。

　二次相続における相続税申告上は，一次相続における配偶者の法定相続分によって計算した財産の価額を配偶者固有の財産の価額に加算し，二次相続の相続税額を計算します。この場合，配偶者に対する相続税額の軽減の適用がないことから，相続税の納付が生じる可能性がありますが，この納税については，二次相続における相続税申告上，債務控除及び相次相続控除の適用があることに留意します。

44 遺留分侵害額請求で金銭を支払った場合

> **Q** 相続人は長女の私，次女，弟の3人です。相続財産は，遺言書に基づき，私と次女が相続し，相続税の申告手続を終了したところ，このほど，弟から遺留分侵害額請求の通知がありました。相続財産は不動産がほとんどで，金融資産はわずかです。

A 遺留分侵害額の請求（民法1046）に基づき金銭を支払った場合には，その事由が生じた日の翌日から4か月以内に限り，更正の請求を行い，相続税額の還付を受けることが可能です。一方，遺留分に相当する金銭を受け取る弟様は，修正申告を行うことができます。

解説 ……………………………………………………………………………

遺留分侵害額の請求については，相続の開始及び遺留分を侵害する贈与又は遺贈があったことを知った時から1年間は行使することができる（民法1048）とされていることから，本事例のように相続税の申告後，遺留分侵害額請求を受け遺留分の回復が行われることがあります（遺留分侵害額の計算は前記**37**(6)参照）。

この場合，遺留分侵害額の請求を受けて負担した人とその支払を受けた人との間で，当初申告に対して更正の請求及び修正申告の調整が必要となります。

(1) 遺留分算定のもととなる資産の評価

遺留分算定に際し，例えば相続財産の中に不動産や非上場株式がある場合，その資産をどのように評価するかが争いになることが多々あります。遺留分算定の際には，例えば不動産は売却査定額や鑑定評価額等，非上場株式はバリュエーション（後記**53**参照）を利用することもありますが，相続税申告に使用す

る評価額は，財産評価基本通達に基づき計算した相続税評価額ですので，時価とは異なる点に留意が必要です。

(2)　更正の請求

　相続税の申告書を提出した人は，遺留分侵害額請求に基づき支払うべき金銭の額が確定し，その事由により当初の申告に係る課税価格及び相続税額が過大となったときは，その事由が生じたことを知った日の翌日から4か月以内に限り，更正の請求を行うことができます（相法32①三）。遺留分に相当する金銭を支払うことで，侵害側の相続税の課税価格は減少しますから，更正の請求により，過大となった相続税額の還付を受けることが可能です（前記**6**(3)参照）。

(3)　修正申告

　相続税の申告書を提出した人は，遺留分侵害額請求に基づき支払うべき金銭の額が確定し，その事由により当初の申告に係る相続税額に不足を生じたときは，修正申告を行うことができます（相法31①）。遺留分に相当する金銭を受け取ることで，侵害された側の相続税の課税価格は増加しますから，修正申告により，不足した相続税額を納付することが可能です。

　なお，この修正申告は，「（……）修正申告書を提出することができる。」（相法31①）旨の文言になっており，任意的修正申告という位置付けとなっています。とはいえ，遺留分を支払った側が更正の請求を行い相続税額の還付を受ける場合には，遺留分を受け取った側も修正申告をしなければ，税務署としては同じ相続において納付されるべき全体の相続税額が不足することになりますので，更正を行うと考えられます。

　しかし，当事者がいずれも，更正の請求を行わず修正申告も行わないということであれば，当事者間での納付すべき相続税額の相殺をもって，その手続に代えることも選択肢の一つとして考えられます。

(4)　期限後申告

　遺留分侵害額の請求に基づき支払うべき金銭の額が確定し，その事由により

新たに申告書を提出すべき要件に該当することとなった人は，期限後申告を行うことができます（相法30①）。その場合の取扱いは，修正申告と同様です。

(5) 修正申告及び期限後申告に係る附帯税の取扱い

申告期限を超えて修正申告等を行った場合，過少申告加算税[1]や延滞税などの附帯税が課されることがあります（後記**69**(2)参照）。しかし，遺留分侵害額請求に伴い，申告書を提出する場合の附帯税の取扱いは，以下のとおりとされています。

① 過少申告加算税又は無申告加算税

遺留分侵害額請求により受け取る金額は，当然，当初申告時には申告することができないものです。そのため，期限内申告においてその受け取る金額を加味することができないのは，正当な理由に基づくものであるため，過少申告加算税や無申告加算税は課されないこととされています（通法65⑤一，66①）。

② 延滞税

期限内申告に係る納期限の翌日から修正申告書又は期限後申告書の提出があった日までの期間については，延滞税の計算期間から除外されることとされています（相法51②一ハ）。

(6) 本事例における課税上の留意点

① 相続税の課税価格の計算

遺贈が遺留分を侵害するものとして遺留分侵害額の支払の請求が行われた場合において，その金額が確定したときの相続税の課税価格の計算は，次のとおりです[2]。

イ　金銭の支払を受ける相続人（遺留分権利者）

相続又は遺贈により取得した現物の財産の価額と遺留分侵害額に相当する価額との合計額

1　期限後申告の場合は無申告加算税
2　令和2年7月7日付国税庁「相続税及び贈与税等に関する質疑応答事例（民法（相続法）改正関係）について（情報）」

ロ　金銭を支払う受遺者（遺留分義務者）

相続又は遺贈により取得した現物の財産の価額から遺留分侵害額に相当する価額を控除した金額

なお，この場合の「遺留分侵害額に相当する価額」は，相続開始の時における時価であることを要しますが（相法22），その金額については，代償分割が行われた場合（相基通11の2－10）に準じて計算することとして差し支えありません（前記**41**参照）。

②　時価が相続税評価額を上回る場合の調整計算の例

> ・長女が遺贈により取得した財産：土地（相続税評価額4,000万円，遺留分侵害額の支払の金額が確定した際の時価5,000万円）
> ・遺留分侵害額に相当する価額：2,000万円
> ・遺留分侵害額に相当する価額2,000万円は，相続財産である土地の遺留分侵害額の支払の金額が確定した際の時価5,000万円をもとに決定されている。

イ　長女の課税価格

4,000万円－2,000万円×（4,000万円÷5,000万円）＝2,400万円

ロ　弟の課税価格

2,000万円×（4,000万円÷5,000万円）＝1,600万円

また，遺留分侵害額に相当する金銭の支払に代えて，所有している土地を移転させることにより遺留分侵害額を消滅させた場合，代物弁済に該当し，譲渡所得課税が行われます[3]。

3　国税庁質疑応答事例「遺留分侵害額の請求に基づく金銭の支払に代えて土地を移転した場合の課税関係」

45 配偶者居住権の解除

> **Q** 夫が亡くなり，居宅は長男に相続し，配偶者である私は配偶者居住権を設定し住んでいましたが，このほど老人ホームに入居するため，居宅を売却し，その売却代金を入居費用に充てたいと考えています。この場合，配偶者居住権の関係で課税されることはありますか。

A 配偶者居住権を無償で解除した場合には，所有権者への贈与に該当し，ご長男に贈与税が課される可能性があります。また，有償で解除した場合には，譲渡に該当し，あなたに譲渡所得税が課される可能性があります。

解説

(1) 配偶者居住権とは

被相続人の配偶者は，被相続人の財産に属した建物に相続開始の時に居住していた場合において，遺産分割協議により配偶者居住権を取得するものとされたときや，配偶者居住権が遺贈の目的とされたときは，その居住していた建物の全部について，無償で使用及び収益をする権利を取得します（民法1028）。この権利を，配偶者居住権といい，令和2年4月1日以後に発生した相続から新たに認められました。

(2) 配偶者居住権の存続期間

配偶者居住権の存続期間は，遺産分割協議又は遺言による別段の定めがない限りは，配偶者の終身の間となります（民法1030）。配偶者が死亡した際には配偶者居住権は消滅します。

⑶　配偶者居住権を取得するメリット

　遺産分割協議の場面において，例えば法定相続分をもとに財産を分けようとする場合，配偶者が引き続き自宅に住み続けたい意向があるものの，自宅を取得することで，他の財産について取得できる金額が減少し，生活に必要な金銭を取得することができないという問題が生じることがあります。その点，配偶者居住権を取得することで，自宅の所有権は別の相続人が取得したとしても配偶者は引き続き自宅に住み続けることができ，さらに他の財産を取得することができるというメリットがあります。

　また，相続税の申告においては，配偶者居住権とその目的となっている建物，配偶者居住権の目的となっている建物の敷地の用に供される土地の敷地利用権と敷地所有権とに区分し，それぞれ，前者は配偶者が，後者は所有権を取得した人が取得したものとして相続税額を計算します（相法23の２）。

　配偶者が死亡した際には配偶者居住権は消滅することから，相続税額の計算においては，一次相続で配偶者居住権を配偶者が取得することでその財産について配偶者に対する相続税額の軽減の適用を受け，納付相続税額を減少させ，二次相続では配偶者居住権は消滅するため，二次相続の相続財産として計上する必要がありません。その点で，一次相続と二次相続とを合わせて考えた際に，結果として相続税の節税効果があります。

　なお，小規模宅地等の特例において，特例対象宅地等には，配偶者居住権は含まれませんが，配偶者居住権に基づく敷地利用権及び配偶者居住権の目的となっている建物等の敷地の用に供される宅地等は含まれます（措通69の４－１の２）。この特例の適用についても考慮するとよいでしょう。

⑷　配偶者居住権の解除

　配偶者居住権が，被相続人から配偶者居住権を取得した配偶者とその配偶者居住権の目的となっている建物の所有者との間の合意若しくはその配偶者による配偶者居住権の放棄により消滅した場合又は民法1032条４項（建物所有者による消滅の意思表示）の規定により消滅した場合において，その建物の所有者

又はその建物の敷地の用に供される土地の所有者が，対価を支払わなかったとき，又は著しく低い価額の対価を支払ったときは，原則として，その建物等の所有者が，その消滅直前に，その配偶者が有していたその配偶者居住権の価額に相当する利益又はその土地をその配偶者居住権に基づき使用する権利の価額に相当する利益に相当する金額（対価の支払があった場合には，その価額を控除した金額）を，その配偶者から贈与によって取得したものとして取り扱います（相基通9－13の2）。

　したがって，配偶者居住権の解除に当たり，無償又は著しく低い価額の対価をもって解除した場合には，その建物等所有者に贈与税が課される可能性があります。

　なお，配偶者居住権の解除に当たり，配偶者が対価の支払を受けた場合には，譲渡所得（総合課税）として，所得税が課される可能性があります（措通31・32共－1）。

46 所得税関係の届出書

Q 被相続人の事業を承継する場合に，改めて青色申告承認申請書など
を提出する必要はありますか。また，減価償却費の届出など，他に必要な
手続を教えてください。

A 青色申告承認申請書の効力は相続人には引き継がれないため，相続人は
改めて申請書を提出する必要があります。所得税に関する手続としては，その
他，青色事業専従者給与に関する届出書，棚卸資産の評価方法・減価償却資産
の償却方法の届出書などの提出が必要か否かを確認の上，提出漏れのないよう
注意しましょう。

解説 ··

(1) 相続の一般的効力

相続人は，相続開始の時から，被相続人の財産に属した一切の権利義務を承
継しますが，被相続人の一身に専属したものは，この限りではありません（民
法896）。

税法上の各種申請について，その効果は，被相続人の一身専属のものであり，
相続により相続人へその効力が引き継がれるものではないため，相続人は相続
開始後に，必要に応じて改めて各種申請書を提出しなければなりません。

(2) 相続開始後に必要とされる税務手続（相続人等に係る所得税等）

提出書類・手続名	根拠条文	提出期限・手続期限	提出先
①個人事業の開業・廃業等届出書	所法229	相続開始があった日から1か月以内。令和8年1月1日以後の事業開始等については，その年分の所得税の確定申告期限	相続人の納税地の所轄税務署
②給与支払事務所等の開設・移転・廃止届出書	所法230，所規99	給与支払事務所の開設日から1か月以内	給与支払事務所等の所在地の所轄税務署
③源泉所得税の納期の特例の承認に関する申請書	所法216，217	定めなし（原則として，提出した日の翌月に支払う給与等から適用）	給与支払事務所等の所在地の所轄税務署
④所得税の青色申告承認申請書	所法144	《被相続人＝青色申告の事業を相続人が承継する場合》 ・死亡日＝1月1日～8月31日 …死亡日から4か月以内 ・死亡日＝9月1日～10月31日 …死亡年の12月31日 ・死亡日＝11月1日～12月31日 …翌年2月15日 《上記以外の場合》 ・業務開始日 ＝1月1日～1月15日 …業務開始年の3月15日 ・業務開始日 ＝1月16日～12月31日 …業務開始日から2か月以内	相続人の納税地の所轄税務署
⑤青色事業専従者給与に関する届出書	所法57	・相続人の事業開始日 ＝1月1日～1月15日 …死亡年の3月15日 ・相続人の事業開始日 ＝1月16日～12月31日 …死亡日から2か月以内	相続人の納税地の所轄税務署
⑥所得税の棚卸資産の評価方法・減価償却資産の償却方法の届出書	所令100，123	その年分の確定申告期限	相続人の納税地の所轄税務署

⑦事業税の事業開始等申告書	各都道府県税条例	各都道府県ごとに異なる	相続人の住所地所管の都道府県税事務所

（※） ①から⑤までの届出書等は，個人事業者の開業に際してまとめて提出されることが想定されることから，国税庁において統合様式を作成し，その提出をもってこれらの届出書等の提出を一括で行えることとされる予定です（令和5年度税制改正（所規36の4①四・五ほか））。

(3) 相続開始後に必要とされる税務手続（被相続人に係る所得税等）

提出書類・手続名	根拠条文	提出期限・手続期限	提出先
準確定申告書	所法124，125	相続開始を知った日の翌日から4か月以内	被相続人の納税地の所轄税務署
国外転出（相続）時課税	所法60の3	相続開始を知った日の翌日から4か月以内	被相続人の納税地の所轄税務署
個人事業の開業・廃業等届出書	所法229	相続開始があった日から1か月以内	被相続人の納税地の所轄税務署
事業税の事業廃止等申告書	各都道府県税条例	各都道府県ごとに異なる	被相続人の住所地所管の都道府県税事務所

47 消費税関係の届出書

Q 消費税の適格請求書発行事業者の登録を受けていた父が亡くなり, 事業を承継しました。必要となる手続等について教えてください。

A 適格請求書発行事業者の登録を受けていなかった相続人が事業を承継した場合には, 一定の期間まで, その相続人は適格請求書発行事業者とみなされ, 消費税の課税事業者となります。一定の期間以後も適格請求書発行事業者であるためには, 相続人が自身で適格請求書発行事業者の登録申請を行う必要があります。

解説

免税事業者である相続人が, 被相続人の事業を相続により承継した場合, 相続があった年の基準期間における被相続人の課税売上高が1,000万円を超えるときは, 相続があった日の翌日からその年の12月31日までの間の納税義務は免除されません。また, 相続があった年の基準期間における被相続人の課税売上高が1,000万円以下である場合は, 相続があった年の納税義務は免除されます (相続人が消費税課税事業者選択届出書を提出している場合及び適格請求書発行事業者の登録を受けていた場合を除きます。)。

なお, 被相続人が提出した消費税課税事業者選択届出書, 消費税課税期間特例選択・変更届出書又は消費税簡易課税制度選択届出書の効力は, 被相続人の事業を承継した相続人には及びませんので, 相続人がこれらの規定の適用を受けようとする場合は, 新たにこれらの届出書を提出しなければなりません。

適格請求書発行事業者の登録を受けていた被相続人から事業を引き継ぐ場合の取扱いは, 次のとおりです。

(1)　適格請求書発行事業者の効力の引継ぎ

　令和5年10月1日以後に開始した相続において，被相続人が適格請求書発行事業者の登録を受けており，適格請求書発行事業者の登録を受けていない相続人が，被相続人の営んでいた事業を承継する場合には，一定の期間について「みなし措置」が設けられており，被相続人の登録番号を相続人の登録番号とみなすこととされています（消法57の3③）。

　「みなし措置」とは，適格請求書発行事業者でなかった相続人が，適格請求書発行事業者であった被相続人の事業を相続により承継した場合，次のいずれか早い日までの期間（「みなし登録期間」といいます。）まで，相続人を適格請求書発行事業者とみなすというものです（消法57の3②③）。

> ①　死亡日の翌日から4か月を経過する日（消費税準確定申告期限）
> ②　相続人が適格請求書発行事業者の登録を受けた日の前日

　「みなし措置」を受けた場合には，消費税法9条1項（小規模事業者に係る納税義務の免除）の規定の適用を受けないことから，相続人は消費税の申告と納税の義務を負うこととなります。

(2)　「みなし登録期間」経過後の手続

　「みなし措置」を受けた相続人が，「みなし登録期間」以後も適格請求書発行事業者であるためには，相続人が自身で適格請求書発行事業者の登録申請を行う必要があります。

　このとき，例えば事業用賃貸不動産から生じる賃貸収入については，その不動産に係る遺産分割協議が成立するまでの期間において，消費税の課税売上げは相続人が法定相続分に応じて申告する必要があることから，相続人全員が適格請求書発行事業者の登録申請を行わなければなりません。

⑶ 相続開始後に必要とされる税務手続（相続人等に係る消費税）

提出書類・手続名	根拠条文	提出期限・手続期限	提出先
消費税課税事業者届出書	消法57①一	すみやかに	相続人の納税地の所轄税務署
消費税課税事業者選択届出書	消法9④ 消基通1－4－12 (2)	相続があった日の属する課税期間中	相続人の納税地の所轄税務署
適格請求書発行事業者の登録申請書	消法57の2② 消令70の2 消基通1－7－4	相続開始翌日から4か月を経過する日	相続人の納税地管轄のインボイス登録センター
消費税簡易課税制度選択届出書	消法37① 消令56①二	相続開始年の12月31日（課税期間短縮を行っている場合を除く。）	相続人の納税地の所轄税務署

⑷ 相続開始後に必要とされる税務手続（被相続人に係る消費税）

提出書類・手続名	根拠条文	提出期限・手続期限	提出先
準確定申告書	消法45③	相続開始を知った日の翌日から4か月以内	被相続人の納税地の所轄税務署
個人事業者の死亡届出書	消法57①四	すみやかに	被相続人の納税地の所轄税務署
適格請求書発行事業者の死亡届出書	消法57の3①	すみやかに	被相続人の納税地管轄のインボイス登録センター

第 10 章

財産の評価

48 評価の時期

> **Q** 父が亡くなりました。父の相続財産は，自宅，預貯金などがあります。相続税の申告に当たり，相続財産を評価する必要があると聞きました。

A 相続税は申告納税方式が採用されており，納税者が相続財産の価額を評価し，相続税の基礎控除額を超過する場合には，相続の開始があったことを知った日の翌日から10か月以内に申告と納税を行う必要があります。また，相続財産の価額の評価の時期は，相続の開始日とされています。

解説

⑴ 相続税法における評価の原則

　相続税法22条（評価の原則）は，「特別の定めのあるものを除くほか，相続，遺贈又は贈与により取得した財産の価額は，当該財産の取得の時における時価により，当該財産の価額から控除すべき債務の金額は，その時の現況による。」と規定しています。

　ここでいう特別の定めのあるものとは，地上権及び永小作権，配偶者居住権等，定期金に関する権利，立木の評価に関する評価方法がこれに該当します（相法23，23の2，24，25，26）。

　したがって，これらを除く財産は，その財産の取得の時における時価により評価することとなりますが，時価の具体的内容は法解釈に委ねられています。

⑵ 財産評価基本通達の定め

　相続税の課税の対象となる財産は，土地，家屋等の不動産をはじめ，動産，有価証券など多種多様であり，これら各種財産を納税者自身が的確に把握し評

価することは必ずしも容易ではありません。

　このため，国税庁は財産評価基本通達[1]を定め，各財産の評価方法に共通する事項や財産の評価単位ごとの評価方法などを具体的に定め，国税内部の統一的な処理を行うとともに，これを公開し納税者の便に供しています。

⑶　相続財産の価額の評価の時期

　相続税法22条における「時価」の評価とは，いつの時点の評価になるのか，財産の取得の時とは，いつのことなのかは，財産評価基本通達第1章総則1⑵（時価の意義）において，「財産の価額は，時価によるものとし，時価とは，課税時期（……）において，それぞれの財産の現況に応じ，不特定多数の当事者間で自由な取引が行われる場合に通常成立すると認められる価額をいい，その価額は，この通達の定めによって評価した価額による。」と定めています。つまり，時価とは，課税時期（相続，遺贈の場合の取得時点とは，被相続人の死亡の日）の時価とされています。

　したがって，相続財産の評価は，課税時期の現況による時価で行うこととなります（評基通1）。

⑷　相続税の申告に向けたアドバイス

　相続税の申告期限は，前記**1**のとおり，相続の開始があったことを知った日の翌日から10か月以内となっています。相続人自身がこの短い期間内に相続財産を把握し，各々の相続財産を法令・通達に当てはめ評価額を計算しようとすると，時間と手間がかかるケースが大半です。

　したがって，相続税の申告の相談があった場合には，相続税申告書の作成等を専門としている税理士に依頼するようアドバイスするとよいでしょう。

1　昭和39年4月25日付国税庁「財産評価基本通達」

49 不動産の評価

Q 相続税の申告に当たり，土地や建物の評価方法がよくわかりません。財産評価基本通達で評価すると，土地の場合は時価の8割，建物の場合は時価の6割と聞きます。

A 相続税及び贈与税の申告に当たって，宅地の評価額については，路線価方式又は倍率方式で評価し，時価の概ね80％とされています。また，建物の評価額については，固定資産税評価額に基づき算定し，時価の50～70％とされています。

解説 ··

(1) 財産評価基本通達の定め

相続税法は申告納税制度が採用されていることから，取得財産の価額の時価を納税者が評価し申告を行います。

相続税法22条では，相続，遺贈又は贈与により取得した財産の価額は，当該財産の取得の時における時価によると規定されています。

ただし，一般的に，相続税又は贈与税の課税対象となる土地，家屋等の不動産の時価を的確に把握することは困難といえます。

このため，前記**48**のとおり，国税庁では，財産評価基本通達第1章総則1(2)(時価の意義)において，「財産の価額は，時価によるものとし，時価とは，課税時期（……）において，それぞれの財産の現況に応じ，<u>不特定多数の当事者間で自由な取引が行われる場合に通常成立すると認められる価額をいい，その価額は，この通達の定めによって評価した価額による。</u>」（下線は筆者）と定めています。

(2)　土地の評価額の主な算定方法

　土地の価格には，相続税法における相続税評価額のほかに，①売買実例価額（土地の売買契約の成立した価額），②地価公示価格（国土交通省が公表する毎年1月1日時点の主要な土地の価額），③固定資産税評価額（市区町村等の固定資産課税台帳に記載されたその土地の評価額），④鑑定評価額（不動産鑑定士が行う実際の売買を想定した鑑定価額）などがあります。

(3)　相続税法における土地の財産評価

　相続税の計算において，宅地の評価方式は，市街地的形態を形成する地域の宅地を路線価方式，それ以外の宅地を倍率方式で評価することとされています（評基通11）。このため，評価しようとする宅地が路線価方式又は倍率方式のいずれで評価をする宅地に該当するか確認します。具体的には，全国の各国税局[2]で定める財産評価基準書が国税庁ホームページで公開されているので，これらをもとに評価します。

(4)　財産評価基準書の土地の評価水準

　土地の固定資産税評価額は地価公示価格の70％が目途となっていますが，相続税法の財産評価基準書は地価公示価格の80％を目途に定められていますので，時価（地価公示価格）の概ね80％の評価となっています。

(5)　家屋の評価方法

　家屋の評価方法は，①売買実例をもとに評価する売買評価比較法，再建築価格から経過年数，破損などの減価を控除する再建築費基準法，③賃貸収入から一般経費を控除した残額を一定の金利で還元する収益還元法等がありますが，相続税法における財産評価基準書においては，倍率方式によって評価する旨定められています。

2　沖縄国税事務所を含みます。

　倍率方式とは，固定資産税評価額に一定の倍率を乗じて計算する方式のことをいい，家屋の評価倍率は「1.0」倍と定められています（評基通89）。

　なお，建物の固定資産税評価額は，市区町村から通知される固定資産税の納付書に添付されている課税明細書で確認することができます。

(6)　家屋の評価水準

　家屋の固定資産税評価額は各自治体が決定します。土地の固定資産税評価額の水準の目安は，毎年1月1日に定められる地価公示価格の70％ですが，建物の場合は，再建築価額の約70％，工事請負契約の場合は50～70％が目安です。

　したがって，建物の相続税評価額については，時価の50～70％が目安といわれています。

50　マンションの評価

Q　私（長女）は近郊都市のマンションに母と2人で住んでいます。母の相続開始に備えマンションの評価方法を知っておきたいと思います。

A　一般的に，土地は国税庁が発表する標準的な宅地の1㎡当たりの価格を示した路線価方式に基づき評価し，家屋は評価対象家屋の固定資産税評価額に1.0倍を乗じて計算した金額で評価しますが，マンションについては，マンション通達[3]に基づき，これらの評価額に一定の率を乗じるなどして計算します。

解説 ⋯⋯⋯⋯⋯⋯⋯⋯⋯⋯⋯⋯⋯⋯⋯⋯⋯⋯⋯⋯⋯⋯⋯⋯⋯⋯⋯⋯

(1)　マンション通達が適用されるマンション

マンション通達は，都心，三大都市圏及び地方にかかわらず，次の①及び②の要件を満たすマンションで，令和6年1月1日以後に相続，遺贈又は贈与により取得したものに適用されます（後記**62(2)**参照）。

①　**3階建て以上の区分所有マンション**

専有部分の数が3室以下の二世帯住宅，オフィスビル，区分所有者が存しない賃貸マンションは適用対象外

②　**評価水準が1を超えるか，又は0.6未満であるマンション**

(2)　評価水準

マンション通達でいう評価水準とは，算式1で求めた値をいい，評価水準を求めるための評価乖離率は，算式2で求めた値[4]をいいます。

3　令和5年9月28日付国税庁「居住用の区分所有財産の評価について（法令解釈通達）」

【算式 1 】

　評価水準 ＝ 1 ÷評価乖離率

【算式 2 】

　評価乖離率 ＝ A ＋ B ＋ C ＋ D ＋ 3.220

　上記算式において，「A」，「B」，「C」及び「D」は，それぞれ次によって計算します。

　　A ＝一棟の区分所有建物の築年数×△0.033

　　B ＝一棟の区分所有建物の総階数指数×0.239

　　C ＝一室の区分所有権等に係る専有部分の所在階×0.018

　　D ＝一室の区分所有権等に係る敷地持分狭小度×△1.195

（※）1　「築年数」は，建築の時から課税時期までの期間とし，その期間に 1 年未満の端数があるときは，その端数は 1 年とします。

　　　2　「総階数指数」は，総階数を33で除した値（小数点以下第 4 位を切り捨て，1 を超える場合は 1 とします。）とします。この場合において，総階数には地階を含みません。

　　　3　「専有部分」がその一棟の区分所有建物の複数階にまたがる場合には，階数が低い方の階を「一室の区分所有権等に係る専有部分の所在階」とします。

　　　4　「専有部分」が地階である場合には，「一室の区分所有権等に係る専有部分の所在階」は，ゼロ階とし，C の値はゼロとします。

　　　5　「一室の区分所有権等に係る敷地持分狭小度」は，一室の区分所有権等に係る敷地利用権の面積を一室の区分所有権等に係る専有部分の面積で除した値（小数点以下第 4 位を切り上げます。）とします。

⑶　一室の区分所有権等に係る敷地利用権及び区分所有権の価額

　評価水準が 1 を超えるか0.6未満である場合の一室の区分所有権等に係る敷地利用権の価額は，「自用地としての価額」に，次の算式による区分所有補正率を乗じて計算した価額を当該「自用地としての価額」とみなして，財産評価基本通達を適用して計算した価額によって評価します。ただし，評価乖離率がゼロ又は負数のものについては，評価しないこととされています。

4　評価乖離率は，国税庁ホームページ「居住用の区分所有財産の評価に係る区分所有補正率の計算明細書」に所要の数値を入力することによって求めることができます。

　また，一室の区分所有権等に係る区分所有権の価額についても，「自用家屋としての価額」に，次の算式による区分所有補正率を乗じて計算した価額により求めます。

【算式】

① **評価水準が１を超える場合**

　区分所有補正率＝評価乖離率

② **評価水準が0.6未満の場合**

　区分所有補正率＝評価乖離率×0.6

　（※）　区分所有者が次のいずれも単独で所有している場合には，「区分所有補正率」
　　　　は１を下限とします。
　　　　イ　一棟の区分所有建物に存するすべての専有部分
　　　　ロ　一棟の区分所有建物の敷地

⑷　計算例

　本事例において，仮に次のようなマンションにお住まいの場合のマンションの評価額の計算は，次のように行います。

> マンションの築年数15年　総階数９階　所在階９階　専有部分の面積70㎡
> 敷地の面積2,800㎡　敷地権の割合（7,300／530,000）
> 一室の区分所有権等に係る敷地利用権（土地部分）の価額　630万円
> 一室の区分所有権等に係る区分所有権（建物部分）の価額　600万円

① **一室の区分所有権等に係る敷地利用権（土地部分）の価額**

　8,667,540円（＝6,300,000円×1.3758）

② **一室の区分所有権等に係る区分所有権（建物部分）の価額**

　8,254,800円（＝6,000,000円×1.3758）

③ **マンションの評価額**

　16,922,340円（＝①＋②）

　（※）　マンション通達適用前の評価額（令和５年12月31日まで）は，12,300,000円
　　　　（＝6,300,000円＋6,000,000円）となります。

④ 小規模宅地等の特例の適用

本事例では，母親と生計を一にしていた相談者（長女）がそのマンションを取得するということですので，特定居住用宅地等に該当し，土地の評価額から80％を減額することができます。

1,733,508円（＝①×（1−0.8））

【区分所有補正率の計算】

区分所有補正率の計算						
	A	① 築年数（注1） 15　年				①×△0.033 △ 0.495
	B	② 総階数（注2） 9　階	③ 総階数指数（②÷33） （小数点以下第4位切捨て、1を超える場合は1） 0.272			③×0.239 （小数点以下第4位切捨て） 0.065
	C	④ 所在階（注3） 9　階				④×0.018 0.162
	D	⑤ 専有部分の面積 70.00　㎡	⑥ 敷地の面積 2,800.00　㎡	⑦ 敷地権の割合（共有持分の割合） 7,300 530,000		
		⑧ 敷地利用権の面積（⑥×⑦） （小数点以下第3位切上げ） 38.57 ㎡	⑨ 敷地持分狭小度（⑧÷⑤） （小数点以下第4位切上げ） 0.551			⑨×△1.195 （小数点以下第4位切上げ） △ 0.659
	⑩ 評 価 乖 離 率（A＋B＋C＋D＋3.220）					2.293
	⑪ 評 価 水 準（1 ÷ ⑩）					0.4361098997
	⑫ 区 分 所 有 補 正 率（注4・5）					1.3758

（出所）　国税庁ホームページ「居住用の区分所有財産の評価に係る区分所有補正率の計算明細書」にて計算。

51　リフォーム工事

> **Q**　父は亡くなる直前に自宅のリフォームを行いました。相続税の申告に影響はありますか。

A　固定資産税評価額に影響するようなリフォームを行った場合，相続税の申告に用いる家屋の価額は，リフォーム前の家屋の固定資産税評価額に，リフォームの金額に一定の計算式を用いて求めた価額を加算した額とします。

解説··

　相続税の申告で用いる家屋の価額は，その固定資産税評価額によります（評基通89）。

　リフォームされた建物の固定資産税評価額が，リフォーム後の状況に応じた固定資産税評価額に見直されている場合には，通常の家屋と同様に固定資産税評価額を使うことが可能です。しかし，相続開始直前にリフォームが行われた場合は，リフォーム前の固定資産税評価額のままであるため，リフォーム前の固定資産税評価額をそのまま使うことはできません。

　なお，リフォームが建物の経年劣化などを修繕し原状回復するためのものである場合には，固定資産税評価額に影響を与えないと考えられます。

(1)　増改築等に係る固定資産税評価額が付されていない場合の評価

　増改築等に係る家屋の状況に応じた固定資産税評価額が付されていない場合の家屋の価額は，増改築等に係る部分以外の部分に対応する固定資産税評価額に，その増改築等に係る部分の再建築価額[5]から課税時期までの間における償

5　課税時期においてその財産を新たに建築又は設備するために要する費用の額の合計額をいいます（評基通89－2(2)）。

却費相当額を控除した価額の100分の70に相当する金額を加算した価額に基づき評価します。

償却費相当額は，再建築価額からその価額に0.1を乗じて計算した金額を控除した価額に，その家屋の耐用年数のうちに占める経過年数の割合を乗じて計算します[6]。

なお，相続税の申告期限までに増改築等後の固定資産税評価額が決定された場合には，増改築等後の固定資産税評価額で評価することができます。

(2) リフォームを行った建物の具体的な計算方法

【算式】

リフォーム後の家屋の価額

$$= \begin{array}{c}\text{リフォーム前の}\\\text{固定資産税評価額}\end{array} + (再建築価額 - 減価償却費相当額^{(※)}) \times 70\%$$

（※）　減価償却費相当額の計算

$$減価償却費相当額 = 再建築価額 \times 0.9 \times \begin{array}{c}\text{リフォーム後の}\\\text{経過年数}^{(*)}\end{array} \div 建物の耐用年数$$

（＊）　リフォーム後の経過年数は，リフォーム完了から相続の開始時期までの期間に相当する年数（1年未満の端数があるときは，その端数を切り上げます。）をいいます。

(3) リフォームの工事中に相続が開始した場合の評価方法

リフォームの工事中に相続が開始した場合の評価方法については，「課税時期において現に建築中の家屋の価額は，その家屋の費用現価の100分の70に相当する金額によって評価する。」（評基通91）とされていることから，次のような算式で計算することができます。

また，相続開始時においてリフォーム中のとき，建築業者への支払が完済されておらず，リフォームの進行度合いと実際の支払額が異なることが一般的です。次の算式によるリフォーム費用現価×70％の額が，実際の支払額よりも多

6　国税庁質疑応答事例「増改築等に係る家屋の状況に応じた固定資産税評価額が付されていない家屋の評価」

い場合の差額については債務（未払金），少ない場合の差額については資産（前払金）に計上します。

① リフォーム工事中に相続が開始した家屋の具体的な計算方法

【算式】

リフォーム中の家屋の価額

$$= \begin{matrix} リフォーム前の \\ 固定資産税評価額 \end{matrix} + リフォーム費用現価^{(※)} \times 70\%$$

（※）　ここでいうリフォーム費用現価とは，リフォームの建築の進行に応じた建築費用の額のことをいい，この額は建築業者への支払金額ではなく，建築の進行に応じた費用現価相当額です。

② リフォーム費用現価の計算例

リフォーム建築契約の総額1,000万円，リフォーム工事の進行度合い80％とした場合のリフォーム費用現価は，800万円（＝1,000万円×80％）となります。

なお，相続開始時における工事進行度合いは建築業者に確認します。

③ リフォームの進行度合いと支払額が異なる場合の相続財産への計上例

上記②の事例において，工事代金として，先に400万円又は800万円を支払っている場合，次の差額を相続財産として計上します。

イ　400万円支払済の場合

未払金160万円（＝400万円－560万円（800万円×70％））を負債計上します。

ロ　800万円支払済の場合

前払金240万円（＝800万円－560万円（800万円×70％））を財産計上します。

52 上場株式の評価

Q 私は会社経営の傍ら株取引を行っています。高齢となってきたため，一度，私が所有する株式の相続税の評価を行ってみたいと思います。

A 上場株式の相続税評価額は，原則として，①相続開始日の最終価格，②相続開始日の属する月の最終価格の月平均額，③相続開始日の属する月の前月の最終価格の月平均額，④相続開始日の属する月の前々月の最終価格の月平均額の四つの価格の中で，最も低い価格により評価します。なお，相続開始日前後に株式の割当て・無償交付・配当金交付（以下「株式の割当て等」といいます。）が行われる場合には，一定の調整計算を行います。

解説……………………………………………………………………………………

(1) 上場株式の相続税評価

① 相続税評価額

　上場株式とは，金融商品取引所に上場されている株式をいいます（評基通168(1)）。上場株式の相続税評価額は，次の四つの価格の中で最も低い価格をその評価額とします（評基通169(1)）。

・相続開始日の最終価格
・相続開始日の属する月の最終価格の月平均額
・相続開始日の属する月の前月の最終価格の月平均額
・相続開始日の属する月の前々月の最終価格の月平均額

---

② 取引所の選択

　評価を行う上場株式銘柄が2以上の金融商品取引所に上場されている場合は，

納税義務者が選択した金融商品取引所が公表する価格により，その上場株式の評価を行うことができます（評基通169(1)）。

　ただし，複数の金融商品取引所に上場されており，「課税時期の最終価格」及び「最終価格の月平均額」がある取引所と，取引数が少ない等の理由によりこれらの価格がない取引所がある場合には，これらの価格がない取引所を選択することはできません。

③　相続開始日に最終価格がない場合

　相続開始日が休日等で取引がない，休日等でないものの株式の取引がなかったことにより相続開始日に最終価格がない場合は，原則として，相続開始日の前日以前又は翌日以後の最終価格のうち，相続開始日に最も近い日の最終価格により評価します。なお，3連休の中日のように相続開始日に最も近い日の最終価格が2ある場合には，その平均額により評価します（評基通171(1)）。

④　相続開始日前後に株式の割当て等がある場合の調整計算

　相続開始日の前後で，株式の割当て・無償交付・配当金交付が行われる上場株式の銘柄については，その評価額について一定の調整計算を行います。

⑤　証券会社から交付される参考価格情報

　相続税申告のために証券会社に対し残高証明書の交付を請求すると，併せて相続開始日の終値や相続開始日の属する月の終値平均などを記載した参考価格情報の提供を受ける場合があります。この参考価格情報については，上記②の複数の金融商品取引所に上場している場合の取扱い，上記④の株式の割当て等がある場合の調整計算が考慮されていないものも散見されます。

　実務上は，会社四季報等で，上場している金融商品取引所，株式の割当て等の有無を確認し，これらに該当する場合には，参考価格情報を発行する証券会社に対し，これらの調整計算が行われているか確認する必要があります。

(2)　海外上場株式・ETFの評価

　海外上場株式・ETFについても，上場株式の評価に準じて評価を行います（評基通5－2，199(注)）。

53 非上場株式の評価

Q 遺産分割において，非上場株式を相続する後継者とそれ以外の相続人との間で株式の評価について意見が対立しています。後継者は相続税評価額により遺産分割すべきと主張していますが，他の相続人は時価評価額により遺産分割すべきと主張しています。

A 遺産分割における非上場株式の評価は，相続税申告における財産評価基本通達に定められた評価方法により算定された相続税評価額によることもありますが，それはあくまで税務上の株式の評価額であり，遺産分割における利害対立の解決を目的とするものではありません。

遺産分割において相続人の間で利害が対立した場合や遺留分侵害額を算定する場合においては，時価評価額により株式を評価することとなります。時価評価額については明確に定められた評価方法はありません。当事者双方の合意が得られた評価額が時価評価額となります。また，当事者双方の合意が得られない場合で最終的に裁判所による鑑定手続を利用したときは，通常は鑑定評価額が時価評価額となります。

解説 ……………………………………………………………………………………

非上場会社とは，証券取引所に上場していない会社をいい，その会社の株式は主に経営のために支配することを目的として所有され，そのほとんどは譲渡制限を設けています。そのため，証券取引所において取引価格が形成されている上場株式と異なり，取引価格が存在しないことから，株式を評価する目的等の違いによって評価方法が異なり，それにより算定される時価評価額も変わります。

評価方法は大きく二つに分類されます。一つは，財産評価基本通達の定めに

よる取引相場のない株式の評価（以下「国税庁方式」といいます。）で，もう一つは，日本公認会計士協会の公表している「企業価値評価ガイドライン」を指針とする企業価値評価（以下「バリュエーション」といいます。）です。

(1)　適正な時価による非上場株式の評価方法

　非上場会社の株主は，主に会社の経営に支配的影響力を持つ支配株主と，それ以外の少数株主によって構成されています。

　支配株主は親族で経営する同族株主である場合が多いことから，同族株主間における株式の譲渡は，譲渡価額に経済合理性が働きにくく，課税に弊害をきたすおそれのある取引となる可能性が高くなります。

　そのため，国税庁は，納税者間の適正・公平な課税を行う観点から，財産評価基本通達の定めにより画一的に評価することで，評価の客観性や安全性を確保した時価により株価を算定します（国税庁方式）。

　一方，第三者間における株式の譲渡は，譲渡価額に経済合理性が働いて適正な取引になることから，課税に弊害をきたすおそれがないため，株価の算定において定められたルールというものはありません。

　しかし，上場会社等では株主や出資者への説明責任を果たすため，日本公認会計士協会の「企業価値評価ガイドライン」を指針として，評価会社の企業価値について個別具体的な経済事情を織り込みながら合理的な評価方法を比較・検討することにより最終的な株価を算定します（バリュエーション）。

(2)　国税庁方式による株式の評価方法

　相続，遺贈又は贈与により取得した非上場株式は，財産評価基本通達178〜189の定めにある国税庁方式により株価を算定します。

　国税庁方式による株価の算定は，課税が目的であることから，財産評価基本通達により画一的に評価が行われ，納税者が不利にならないように評価の安全性を確保するため，一般的に通常の取引価額よりも低い評価額になるように計算方式が定められているとされています。

　したがって，遺産分割における利害対立の解決や遺留分侵害額を算定する場

合においては，必ずしも適切な時価とはなりません。

　なお，国税庁方式による具体的な評価方法については，以下のとおりです。

区　分	評価方法等
原則的評価方式	○会社を支配している同族株主については，原則的評価方式により評価します。 ○総資産価額，従業員数，取引金額により大会社，中会社，小会社に区分し，会社の規模に応じた割合によって類似業種比準価額と純資産価額という二つの計算方法を折衷して評価します。
類似業種比準価額	○評価会社の配当金額・利益金額・純資産価額の三つの比準要素について上場株価のこれらの平均金額と比較した倍率に，類似業種の上場会社の平均株価を乗じることで，評価会社の1株当たりの株式の価値を算定した価額です。
純資産価額	○評価会社の相続税評価額の純資産価額から，相続税評価額と帳簿価額との差額の含み益に対して37％の法人税額等相当額を控除した1株当たりの株式の価値を算定した価額です。 ○評価会社の営業状況や資産構成が一般の会社とは異なる特定の評価会社に該当した場合，原則として純資産価額により評価します。
特例的評価方式	○少数株主については特例的評価方式により評価します。
配当還元価額	○議決権が経営に影響力を及ぼさない少数株主については，受取配当金の額をもとに1株当たりの株式の価値を算定した価額により評価します。

(3)　バリュエーションによる株式の評価方法

　日本公認会計士協会の公表している「企業価値評価ガイドライン」による株価の算定は，第三者間における株式譲渡や株式交換，利害関係の対立の解決を目的として適正な時価となるように株価を算定します。

　バリュエーションによる評価方法は下記のような複数の評価方法を比較・検討した上で合理的な評価方法を選択したり，それぞれの評価結果を一定の割合

で折衷したりすることにより最終的な株価を決定します。

　なお，算定者により評価における前提条件や評価方法の選択などが異なり算定結果も異なることから，評価の客観性に欠けるため，税務上の株式の評価では採用されないことが通例です。

区　分	評価方法等
インカム・アプローチ	○評価会社から将来に期待されるキャッシュフローに基づいて価値を評価する方法です。主な評価方法として，将来の期待キャッシュフローの割引現在価値から企業価値を算定するDCF法や，将来の配当見込額をもとに企業価値を算定する配当還元法などがあります。 ○ベンチャー企業など将来高い収益性を見込まれる企業の価値を算定する場合に採用されます。
マーケット・アプローチ	○評価会社と類似する上場会社の取引事例などと比較することにより相対的な価値を評価する方法です。主な評価方法として，評価会社と類似する上場会社の利益や純資産などの財務指標をもとに算定した複数の倍率から評価会社の相対的な企業価値を算定するマルチプル法があります。 ○評価会社と類似した上場会社や取引事例について選定条件に合う企業や事例が十分にあり，市場環境を反映したリアルタイムな比較によって企業価値を算定する場合に採用されます。
ネットアセット・アプローチ	○貸借対照表の純資産価額に基づいて価値を評価する方法です。主な評価方法として，評価会社に財務デューデリジェンスを行い，資産及び負債を精査して純資産価額を修正した時価純資産法（修正簿価純資産法）があります。 ○将来の収益性や市場環境については反映することはできませんが，貸借対照表の帳簿価額が適正であるならば客観性に優れていることから，評価時点における企業の実態に基づいた価値を算定する場合に採用されます。

　遺産分割において相続人の間で利害が対立した場合や遺留分侵害額を算定する場合においては，課税上弊害がない限り，当事者双方の合意が得られた評価額が時価評価額となります。この場合，必ずしも上記のバリュエーションによる評価である必要はなく，国税庁方式で合意しても構いません。

　また，遺産分割調停や遺産分割審判に際して非上場株式の評価が必要となった場合，裁判所の鑑定手続を利用することができます。

　裁判所による鑑定は，一般的に鑑定に先立ち，鑑定結果には互いに異議を述べない旨の合意をした上で，裁判所が選任した鑑定人が相続人から提出された会計資料をもとに評価を行います。

　鑑定人による評価は，主にバリュエーションによる評価をもとに，裁判所の裁量により株価を決定します。

⑷　株式の評価方法が争われた最近の裁判例（仙台薬局事件）

①　前提事実

　被相続人は，亡くなる直前に第三者の企業に対して売却・資本提携等を前提に，自らが代表取締役を務める会社の株式譲渡について譲渡予定価格により譲渡する旨の基本合意書を締結しました。被相続人の相続開始後，相続人（原告ら）は，相続税申告前に第三者の企業と合意のあった譲渡予定価格で株式を譲渡しました。

②　課税の経緯

　本件は，相続人である原告らが，国税庁方式により「大会社」として類似業種比準価額で株式を評価して相続税申告を行ったところ，所轄税務署長から，相続人が株式を譲渡した価額と国税庁方式による通達評価額との間に大きな乖離があり，財産評価基本通達の定めにより評価することが著しく不適当であるとして財産評価基本通達総則6項（後記**62**⑶参照）に基づき，財産評価基本通達の定める類似業種比準価額とは異なる株式価値の算定報告額（国が上記の株式について専門家に評価を依頼して算出したもの）に基づいて評価すべきとして更正処分及び過少申告加算税の賦課決定処分を受けたことから，原告らがこれら処分の取消しを求めた事案です。

③　第一審判決の要旨等

　東京地裁は，令和4年の最高裁判決[7]に基づき，通達評価額と算定報告額と

7　最判令和4年4月19日（民集76巻4号411頁）（後記**62**参照）

の間に大きな乖離があることのみをもって直ちに，財産評価基本通達の定めによる画一的な評価を行うことが実質的な租税負担の公平に反するというべき特段の事情があるとはいえないとした上で，相続人による本件株式の売却は，評価額の差異を利用する相続税の租税回避を目的としたものではないことから，他の納税者と比較して看過しがたい不均衡があるということは困難と判断し，国の賦課決定処分を取り消しました[8]。

　国は，第一審判決を不服として控訴しました。

④　第二審判決の要旨

　東京高裁は，一審に続いて総則6項の適用を認めず，以下の理由によって国の控訴を棄却しました[9]。

　イ　租税負担の公平性

　取引相場のない株式の売買代金は，とりわけ，M&Aが行われる場合においては，高度な経営判断や双方の交渉の結果等により決定されるものであって，専門的評価による株式の交換価値を必ずしも反映しているとは限らない。

　このことは，結果的に，専門的評価により交換価値と評価通達180に定める類似業種比準価額とのかい離の程度が著しいと判定された場合においても変わらない。したがって，譲渡予定価格と算定報告額が比較的近く，通達評価額と大きくかい離しているからといって，譲渡予定価格が交換価値を反映したものであるとして，評価通達の定める方法による画一的な評価を行うことが実質的な租税負担の公平に反するというべき特段の事情が存在していたということにはならない。

　ロ　売買契約の成立及び売買代金債権への転嫁の蓋然性

　控訴人は，取引相場のない株式について，売買契約が成立し，その所有権が買主に移転する前に，当該株式の所有者である売主が死亡した場合，売主の相続財産は売買代金債権になり，その価額は原則として売買相金額で評価される（最高裁昭和56年（行ツ）第89号同61年12月5日第二小法廷判決・訟務月報33巻8号2149頁参照）とした上で，相続開始時に売買契約が成立に至っていなかったとしても，近い将来売買契約が成立し，売買代金債権に転化する蓋然性が高い場合，株式の交換価値が現実的に実現する蓋然性が高いものとして，売買代金相当額が

8　東京地判令和6年1月18日（令和3年（行ウ）22号，判例集未登載）（LEX/DB：25598705）
9　東京高判令和6年8月28日（令和6年（行コ）36号，判例集未登載）（LEX/DB：25620971）
　控訴棄却（確定）

株式の交換価値としての一つの基準となり得ると主張する。

　しかし，上記最高裁判決は，農地の売買契約が成立し，代金の相当部分の履行があったという場合において，農地法所定の要件が具備される前であっても，相続財産は売買残代金債権である旨判断したものであって，本件のように，売買契約が未だ成立していない場合とは明らかに状況を異にするというべきである。売買契約が未だ成立していない状況下において上記のような蓋然性を判断するためには，種々の事情を考慮する必要があり，そのような不明確な基準によることは不適切であるといわざるを得ない。したがって，近い将来における売買契約の成立及び売買代金債権への転嫁の蓋然性の程度を基準にすることは適切でない。

　ハ　納税者間の不公平についての認定

　最高裁令和4年判決は，評価通達6項の適用の有無に当たり，被相続人が，相続税の負担を減じ又は免れさせる行為をしたことを考慮しているところ，本件において，被相続人及び相続人らによるこれに類する行為があったとは認め難い。そして，譲渡予定価格が，その時点で相続が発生した場合における評価通達180による評価額を大きく上回るものであったことは，本件の経過に照らして明らかであるから，本件基本合意は，本件被相続人の生存中に売買契約が成立した場合，代金債権に転化し，又は代金が支払われることによって，相続税の負担を増大させる可能性を有するものであり，相続税の負担を減じ，又は免れさせるという効果は存しないことから，他の納税者との関係で不公平であると判断する余地はない。

⑤　判決の確定

　第二審判決の結果，国は上告を断念し，判決が確定しました。

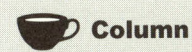 **Column** │ 不動産小口化商品の課税関係

不動産小口化商品

　相続税対策の一つとして，不動産小口化商品が注目を集めています。

　不動産小口化商品とは，不動産への出資を募り不動産の売買や賃貸等を行い，その収益を分配する事業者について，業務の適正な運営の確保と投資家の利益の保護を目的として制定された不動産特定共同事業法によるものです。平成25年法改正により倒産隔離型スキームが導入され，平成29年法改正により小規模不動産特定共同事業が創設されました。

　不動産小口化商品は，不動産特定共同事業法の許可を受けた事業者が提供するもので，大きく「任意組合型」と「匿名組合型」とに分かれます。

　「任意組合型」の不動産小口化商品は，投資家が不動産特定共同事業者と民法上の組合契約を交わし組合を組成し，その組合が出資により取得した不動産を賃貸等によって運用し，その収益を投資家に分配するという仕組みの商品です。不動産の所有権は，組合員である投資家及び不動産特定共同事業者に帰属します。よって，組合に生じた損益は直接組合員に帰属し，所得税の課税上は，現物の不動産を所有している場合と同様に，不動産所得となります。また，相続や贈与を行う際の評価は，不動産の評価となるため，相続税・贈与税の節税効果は大きいといえます。

　「匿名組合型」は，不動産特定共同事業者が投資家と匿名組合契約を交わし出資を受け，事業者は事業によって得た収益を投資家に分配するという形態の商品です。最近は，不動産クラウドファンディング又は不動産STとしても販売されています。投資家の出資金は事業者の財産となることから，事業者がその出資金により取得した不動産は事業者の所有となり，投資家は第三者に対して権利義務を持たず，その収益に対する所得税の課税上の取扱いは事業所得又は雑所得となります。また，匿名組合型は，相続や贈与を行う際の評価として，不動産の評価を使うことはできません。

任意組合型の課税関係

① 組合に生じた損益（所得税）

　任意組合型における投資家に分配される収益の課税関係は，パススルー課税が適用され（所基通36・37共－19），組合は課税されず，投資家は不動産所得として，確定申告が必要です。なお，組合契約を締結している組合員に該当する個人が，組合事業から生ずる不動産所得の損失がある場合，不動産所得の計算及び損益通算その他所得税に関する法令の適用について，その損失の金額は生じなかったものとみなされます（措法41の4の2①②）ので，この点注意が必要です。

② インボイス制度（消費税）

　対象不動産がオフィスビルである場合，賃料には消費税が課税されます。パススルー課税においては，賃料収入は，消費税を含んだところで投資家に帰属することとなります。消費税のインボイス制度において，投資家が適格請求書発行事業者の登録を行っていない場合，オフィスビルの賃借人は消費税の仕入税額控除が適用できなくなることから，投資家は免税事業者である場合であっても，適格請求書発行事業者の登録を行わなければならない場面が生じ，消費税の確定申告が必要となります。

③ 相続開始時（相続税）

　任意組合型の不動産小口化商品については，相続税を計算する際の不動産の評価に当たり，評価方法の定めがないことから，財産評価基本通達に定める評価方法に準じて評価します（評基通5）。不動産の所有権は直接組合員である投資家に帰属することを考慮すると，土地・家屋について，財産評価基本通達の路線価方式及び固定資産税評価額によって評価し，一定の要件を満たす場合は，小規模宅地等の特例を適用することが可能です。

　なお，不動産小口化商品の対象不動産が一定の区分所有マンションである場合は，上記の財産評価基本通達による評価額に区分所有補正率を乗じて算出することとなります。

　また，財産評価基本通達は「この通達の定めによって評価することが著しく不適当と認められる財産の価額は，国税庁長官の指示を受けて評価する。」（評基通6）と定めていることから，税務当局が，不動産の時価（売

買実例価額）と評価額に著しい乖離があるなど課税上弊害があると判断した場合には，時価によって是正されるリスクがあります。さらに，通達改正により，節税効果が減少するリスクもあります。

④　運用終了後は対象不動産を売却（所得税）

　組合は，原則として対象不動産を売却することにより解散します。あらかじめ定められた組合期間内に，不動産特定共同事業者が市況を勘案しつつ対象不動産の売却の検討を行います。対象不動産の売却によって得られた代金を，投資家の出資持分によって分配し組合は解散します。

　投資家が解散によって分配を受けた利益は，譲渡所得課税の対象となります。

第 11 章

所得税課税

54 相続財産から生じた不動産所得①

> **Q** 相続税の申告は行いましたが，遺産分割に時間がかかっています。相続財産の中に賃貸マンションがあり，その賃貸収入は長男の私が管理し，私の所得として確定申告をしています。

A 相続財産の賃貸マンションから生じる賃料収入は，相続人がその持分に応じて収益を得たものとして，所得税の確定申告を行わなければなりません。

解説

(1) 所得税の準確定申告

被相続人が亡くなる日までの収入については，被相続人の収入ですから，被相続人の所得として申告しなければなりません。もちろん，亡くなった人が確定申告をすることはできませんので，相続人が代わって行います。これを準確定申告といい，被相続人の死亡から4か月以内に行う必要があります。相続税の申告期限（死亡から10か月以内）より半年ほど早いので注意を要します。

(2) 相続財産の帰属と遺産分割の効力

相続が開始すると，相続財産は相続人の共有とされ（民法898），それぞれの共有者は，共有物の全部について，その持分に応じた使用をすることができる（民法249）とされています。また，遺産分割の効力は，相続開始の時に遡って生じる（民法909）とされています。

ここで，共有状態の相続財産から生じた家賃収入などの収益についても，相続財産と同様に共有状態となるのか，また，遺産分割が確定した時に相続開始日に遡って効力を生じるのかが問題となります。

この点については，共有持分に応じて，相続人に帰属することとされています[1]。

(3) 課税上の取扱い

遺産分割が確定していないため，共同相続人のうち特定の人がその収益を管理しているような場合についても，遺産分割が確定するまでの期間は，共同相続人がその法定相続分に応じて申告することとなります。

なお，遺産分割協議が整い，分割が確定した場合であっても，その効果は未分割期間中の所得の帰属に影響を及ぼすものではありませんので，分割の確定を理由とする更正の請求又は修正申告を行うことはできません[2]。

(4) 本事例の取扱い

上記のとおり，相続財産の賃貸マンションから生じる賃料収入は，相続人がその持分に応じて収益を得たものとして，所得税の確定申告を行わなければなりません。また，その後において遺産分割が行われた場合，民法は，「遺産の分割は，遡って効力を生ずる」と規定していますが，所得税については，家賃収入・譲渡収入は，その収入の時点での持分に応じて相続人に収入が帰属すると考えることから，遡って更正の請求を行うことはできないことになります。

本事例は，共同相続人の間で遺産分割協議が確定していないものの，その不動産を相続する人が相談者に決まっており，相談者が賃料収入の全額を自身の所得として申告を行ったということかと思料します。所得税は累進課税ですから，共同相続人の中でその不動産所得の申告を行った人の所得税率が最も高ければ，税務当局はあえて指摘はしないと思料します。しかし，所得税額が発生しない相続人が全額不動産所得として申告したような場合には，課税の公平性の観点から，法定相続分による修正申告の勧奨もあると思料します。

相続財産から生じた法定果実を受け取った相続人は，その収入金額等の多寡によっては，所得税の配偶者控除あるいは扶養控除の適用，また，住民税及び国民健康保険税などにも影響が及ぶこともあるので，注意を要します。

1　最判平成17年9月8日（民集59巻7号1931頁）
2　国税庁タックスアンサーNo.1376「不動産所得の収入計上時期」

55 相続財産から生じた不動産所得②

> **Q** 相続財産の中に米国ハワイ州に所在するコンドミニアムがあります。そのコンドミニアムは，被相続人と妻である私が，ジョイント・テナンシーで所有し，私たちが使用するとき以外は他人に貸しています。その賃貸収入は被相続人と私の不動産所得として確定申告していました。相続開始後，私の確定申告は，どのようにすればよいのでしょうか。

A そのコンドミニアムから生じる賃貸収入は，生存しているジョイント・テナンシーの所有者であるあなたが，すべての収益を得たものとして，所得税の確定申告を行わなければなりません。

解説 ··

(1) ハワイ州の制度

ハワイ州の法律によると，ジョイント・テナンシー[3]（合有の形態）では，合有不動産権者のいずれかに相続が開始した場合には，生存合有不動産権者がその相続人であるか否かにかかわらず，また，生存合有不動産権者がその相続人であったとしてもその相続分に関係なく，被相続人の合有不動産権が生存合有不動産権者（この場合は相談者）に移転することとされています。

合有不動産権とは，共有不動産権と異なり，権利者のうち1人が死亡した場合には，その権利は相続性を持たず（遺言による変更も不可），その権利は生存者への権利帰属（survivorship）の原則に基づいて生存合有不動産権者に帰属することとされています。

---

3 ジョイント・テナンシーとは，2人以上の者が同一の不動産につき，均等に財産を所有する形態の財産権をいいます。

(2)　相続税の課税

この場合，被相続人の合有不動産権が移転したことによる生存合有不動産権者（相談者）の権利の増加は，対価を支払わないで利益を受けた場合に該当するため，生存合有不動産権者が移転を受けた被相続人の合有不動産権の価額に相当する金額について，被相続人から贈与により取得したものとみなされることになります（相法9）。したがって，生存合有不動産権者が被相続人から相続又は遺贈により財産を取得している場合，被相続人から贈与により取得したものとみなされた合有不動産権の価額に相当する金額は，相続税の課税価格に加算され（相法19①），相続税の課税対象となります[4]。

(3)　所得税の課税

そのコンドミニアムは，被相続人の死亡により，相談者に帰属することとなりますので，そのコンドミニアムから生じる相続開始後の賃貸収入は，相談者が，すべての収益を得たものとして，所得税（不動産所得）の確定申告を行わなければなりません。

(4)　外国税額控除（所得税）

居住者は全世界所得について日本で課税されますが，国外所得について外国の法令により所得税に相当する税金が課税される場合，二国間において二重課税の状態になります。この二重課税を調整するために，一定額を所得税額から控除する制度があり，これを外国税額控除（所得税）といいます（所法95）（前記**23**参照）。

控除の対象となる税は所得税に相当する税のみであり，例えば日本の消費税に相当するGoods and Services Taxや，不動産に関連する権益の譲渡に際して課税されるConveyance taxは資産の値上益に対する所得課税ではないため，外国税額控除の対象となる所得税には該当しないと考えられています。

4　国税庁質疑応答事例「ハワイ州に所在するコンドミニアムの合有不動産権を相続税の課税対象とすることの可否」

56 換価分割

Q 一人暮らしだった父が亡くなり居住用不動産を相続しました。相続した居宅を売却し，その売却代金を兄弟2人で分割した上，納税資金に充てたいと考えています。

A 換価分割の対象となった不動産を売却した場合は，譲渡所得の課税の対象となります。また，相続した不動産を売却するに当たり，「相続税の取得費加算の特例」の適用を受ける場合，相続税の計算上，代償分割より換価分割の方が有利となります。

解説

相続により取得した財産を譲渡し，相続人間でその代金を分配する場合，特定の相続人がその財産の現物を取得し，その現物を取得した者が他の共同相続人に対し債務を負担する「代償分割」のほか，共同相続人が相続により取得した財産を売却して，その売却代金を分配する「換価分割」があります（家事事件手続法194参照）。換価分割の対象となった不動産を売却した場合は，譲渡代金の分配割合に応じて換価分割の対象となった不動産を取得したことになるため，分配割合に応じて，譲渡所得の申告を要します。

(1) 相続登記と贈与税課税

相続した不動産を売却する都合上，まずはその不動産の名義を相続人名義に登記しなければなりません。共同相続人のうち1人の名義に相続登記をした上で換価し，その後，換価代金を分配することとした場合，贈与税が課税されるか否かが問題となります。この点，共同相続人のうちの1人の名義で相続登記をしたことが，単に換価のための便宜的なものであり，その代金が，遺産分割

協議の内容に従って実際に分配される場合には，贈与税の課税が問題になることはないとされています[5]。

この場合，遺産分割協議書には，①対象不動産を売却しその譲渡代金を分割する旨，②譲渡代金につき相続人それぞれが取得する具体的な割合や代金が決められている旨，及び③売却する不動産について便宜的に共同相続人のうち1人の名義で相続登記を行う旨の記載を要します。

(2)　未分割の相続財産を換価したことによる譲渡所得の申告等

相続財産のうち分割が確定していない不動産を換価する場合もあります。この場合の譲渡所得の申告については，次のようになります。

①　換価時に換価代金の取得割合が確定している場合

この場合には，(イ)換価代金を後日遺産分割の対象に含める合意をするなどの特別の事情がないため相続人が各法定相続分に応じて換価代金を取得することとなる場合と，(ロ)あらかじめ換価時までに換価代金の取得割合を定めている（分割済）場合とがあります。

(イ)の場合は，各相続人が換価遺産に有する所有割合である法定相続分で換価したのですから，その譲渡所得は，所有割合（＝法定相続分）に応じて申告することになります。

(ロ)の場合は，換価代金の取得割合を定めることは，換価遺産の所有割合について換価代金の取得割合と同じ割合とすることを定めることにほかならず，各相続人は換価代金の取得割合と同じ所有割合で換価したのですから，その譲渡所得は，換価遺産の所有割合（＝換価代金の取得割合）に応じて申告することになります。

②　換価時に換価代金の取得割合が確定していないため後日分割される場合

遺産分割審判における換価分割の場合や換価代金を遺産分割の対象に含める合意をするなど特別の事情がある場合に，換価後に換価代金を分割したとしても，(イ)譲渡所得はその資産が所有者の手を離れて他に移転するのを機会にこれ

5　国税庁質疑応答事例「遺産の換価分割のための相続登記と贈与税」

を清算して課税するものであり，その収入すべき時期は，資産の引渡しがあった日によるものとされていること，㋺相続人が数人あるときは，相続財産はその共有に属し，その共有状態にある遺産を共同相続人が換価した事実がなくなるものではないこと，㈑遺産分割の対象は換価した遺産ではなく，換価により得た代金であることから，譲渡所得は換価時における換価遺産の所有割合（＝法定相続分）により申告することになります。

　ただし，所得税の確定申告期限までに換価代金が分割され，共同相続人の全員が換価代金の取得割合に基づき譲渡所得の申告をした場合には，その申告は認められます。

　しかし，申告期限までに換価代金の分割が行われていない場合には，法定相続分により申告することとなりますが，法定相続分により申告した後にその換価代金が分割されたとしても，法定相続分による譲渡に異動が生じるものではないことから，更正の請求又は修正申告を行うことはできません。

(3)　具体的な計算例

　兄弟それぞれ2分の1の割合で分割するとした計算例です。

○相続財産の内訳
- ・土地（相続税評価額1億円，換価の際の時価1億2,000万円，取得価額3,000万円）
- ・建物（相続税評価額200万円，換価の際の時価0円，取得価額不明）
- ・借入金（2,000万円）
- ・葬式費用（100万円）
- ・土地を売却するために支払った仲介手数料（330万円）

---

① 相続税の課税価格

　兄及び弟は法定相続分により分割

　兄　（1億円＋200万円－2,000万円－100万円）×1／2

　弟　（1億円＋200万円－2,000万円－100万円）×1／2

② 譲渡所得の計算

　兄　（1億2,000万円－3,000万円－330万円）×1／2－取得費加算額

　弟　（1億2,000万円－3,000万円－330万円）×1／2－取得費加算額

(4)　本事例の課税関係

　まず，相続税の土地の評価において，一定の要件を満たす場合，小規模宅地等の特例（家なき子特例）を適用することができます。

　なお，この場合，家なき子特例を適用するに当たっては，「相続開始時から相続税の申告期限まで引き続きその宅地等を有していること」との保有継続要件が課されていますので注意が必要です（前記**19**(3)③参照）。

　次に，相続人が換価した居宅は，譲渡所得の基因となる資産に該当するため，譲渡益に対して所得税（譲渡所得）が課税されます（所基通33－1）。本事例において，兄弟間の分割割合は不明ですが，仮に2分の1ずつの割合とすると所得税の計算は上記(3)のとおり，居宅の売却代金から取得費と仲介手数料などの譲渡費用を差し引いて計算します。この場合，相続人が相続によって取得した資産について譲渡所得を計算するときに控除する取得費[6]は，被相続人の取得価額を引き継ぎます（所法60①）。なお，売却した土地建物が相当の年数を経るなど取得費がわからない場合は，売却代金の5％相当額を取得費とすることができます（措法31の4，措通31の4－1）。

(5)　取得費加算の特例と代償分割

　相続又は遺贈により取得した資産を相続の開始のあった日の翌日から相続税の申告期限の翌日以後3年を経過する日までに譲渡した場合には，負担した相続税額のうち譲渡した資産に対応する金額を譲渡資産の取得費に加算することができます（措法39）（後記**57**参照）。

　なお，代償分割の方法により遺産分割が行われた場合において，その代償分割により代償債務を負担した相続人が代償金を支払って取得した相続財産を譲渡し，この特例の適用を受ける場合には，取得費に加算する相続税額は，次の計算式により，譲渡資産の相続税評価額を圧縮して計算されます（措通39－7）。そのため，換価分割において計算される取得費に加算する相続税額と比

6　建物の取得費は，所有期間中の減価償却費相当額を差し引いて計算します。

べ不利になるので注意を要します。

$$\text{確定相続税額} \times \frac{\text{譲渡をした資産の相続税評価額B－支払代償金C} \times \dfrac{B}{A+C}}{\text{その者の相続税の課税価格（債務控除前）A}}$$

（※）　「債務控除前」の債務には代償債務（代償金支払義務）は含まれません。

(6)　被相続人の居住用財産(空き家)に係る譲渡所得の特別控除の特例

　相続又は遺贈により取得した被相続人の居住用家屋又は被相続人の居住用家屋の敷地等を売却し，一定の要件を満たす場合，譲渡所得の金額から最高3,000万円[7]まで控除（「空き家特例」）することができます（措法35③）（後記**58**参照）が，上記の相続税額の取得費加算の特例と併用して適用できないことから，両者の特例のうち，いずれの特例を適用した方が有利になるのか判断します。

　この点，空き家を相続したときは，一定の要件を満たす場合，家なき子特例の適用が可能であること，空き家特例の特別控除を適用すると，所得税の配偶者控除や扶養控除の判定の基礎となる合計所得金額の判定は空き家特例の特別控除前の金額であることなどの要素も踏まえて判断します。

　これらの関係は次のようになります。

	空き家特例（措法35③）	取得費加算の特例（措法39）
譲渡所得の金額との関係	相続人1人当たり3,000万円（令和6年1月1日以後の譲渡は，相続人が3人以上いる場合，相続人1人当たり2,000万円）	譲渡した資産ごとに，その相続税の課税価格に対応する相続税額を，譲渡益の範囲内で加算する
小規模宅地等の特例との関係	小規模宅地等の特例の適用は譲渡所得の金額（空き家特例）に影響を及ぼさない	小規模宅地等の特例を適用すると相続税額は減少するが，取得費加算額も減少するので譲渡所得は大きくなる
合計所得金額の判定	空き家特例の特別控除前で判定	取得費加算の特例の適用後で判定

7　令和6年1月1日以後に行う譲渡で，被相続人居住用家屋及び被相続人居住用家屋の敷地等を相続又は遺贈により取得した相続人の数が3人以上である場合は，2,000万円までです。

57　相続財産の譲渡時の取得費加算

> **Q**　納税資金に不足が生じたため，父から相続した土地建物と上場株式を譲渡しました。

A　土地建物及び上場株式を譲渡した場合には，他の所得金額と区分して税金を計算します。また，相続によって取得した土地建物及び上場株式の取得費については，被相続人の取得費及び取得時期を引き継ぐとともに，相続税額のうち一定の金額を取得費に加算することができます。

解説

(1)　土地建物の譲渡所得の計算

　土地や建物を売却したときの譲渡所得に対する税金は，事業所得や給与所得などの所得と分離して計算します（「申告分離課税」といいます。）（措法31，32，措令20）。また，譲渡所得の金額は，土地や建物を売却した金額から取得費と譲渡費用を差し引いて計算します（所法33）。

①　取得費

　取得費とは，売却した土地や建物の購入代金や，購入手数料などの資産の取得に要した金額に，その後支出した改良費，設備費を加えた合計額をいいます。建物の取得費は，所有期間中の減価償却費相当額を差し引いて計算します（所法38）。

　また，土地や建物の取得費がわからない場合や実際の取得費が譲渡価額の５％よりも少ないときは，譲渡価額の５％を取得費（「概算取得費」といいます。）とすることができます（措法31の４，措通31の４－１）。

　相続した土地建物を譲渡した場合は，先代が購入した実際の取得費を引き継

ぐとともに，相続登記費用を加えることができます（所法60）。ただし，概算取得費を選択する場合は，相続登記費用を概算取得費に加えることはできません。

② 譲渡費用

譲渡費用とは，土地建物を売却するために支出した費用をいい，仲介手数料，測量費，売買契約書の印紙代，売却するときに借家人などに支払った立退料，建物を取り壊して土地を売るときの取壊し費用などをいいます（所基通33-7）。

③ 長期譲渡所得と短期譲渡所得

土地や建物を売却したときの譲渡所得は，所有期間によって長期譲渡所得と短期譲渡所得とに区分され，長期譲渡所得は税率15.315%[8]（住民税5%），短期譲渡所得は税率30.63%（住民税9%）で課税されます。

長期譲渡所得とは，譲渡した年の1月1日において所有期間が5年を超えるものをいい，短期譲渡所得とは，譲渡した年の1月1日において所有期間が5年以下のものをいいます。ここでいう「所有期間」とは，土地や建物の取得の日から引き続き所有していた期間をいい，相続により取得したものは，被相続人の取得した日から計算します。

(2) 株式等の譲渡所得の計算

株式等を売却したときの譲渡所得に対する税金は，「上場株式等に係る譲渡所得等の金額」と「一般株式等に係る譲渡所得等の金額」に区分し，他の所得の金額と区分して税金を計算する「申告分離課税」とされ，両者は，それぞれ別々の申告分離課税とされているため，原則として，一方の譲渡損失の金額をもう一方の譲渡所得の金額から控除することはできません。

---

8 一定の要件に該当した場合には，マイホームを売ったときの軽減税率の特例などの特例を適用することができます。

① **上場株式等に係る譲渡所得等の金額の計算方法**（措法37の11）

$$\begin{array}{l}上場株式等に係る\\譲渡所得等の金額\end{array}=総収入金額（譲渡価額）-\begin{array}{l}必要経費（取得費\\+委託手数料等）\end{array}$$

② **一般株式等に係る譲渡所得等の金額の計算方法**（措法37の10）

$$\begin{array}{l}一般株式等に係る\\譲渡所得等の金額\end{array}=総収入金額（譲渡価額）-\begin{array}{l}必要経費（取得費\\+委託手数料等）\end{array}$$

（※） 総収入金額（譲渡価額）には，償還，解約により交付を受ける金銭等の額を含みます。

(3) 相続財産を譲渡した場合の相続税額の取得費加算の特例

　相続税額の取得費加算の特例は，相続又は遺贈により取得した土地，建物，株式などの財産を，一定期間内に譲渡した場合に適用することとされており，相続税額のうち一定金額が譲渡資産の取得費に加算されます（措法39）。

　本特例は，譲渡所得のみに適用があるため，株式等の譲渡が事業所得及び雑所得に該当する場合は適用できません。

　また，本特例は，譲渡した資産ごとに特例の適用前の譲渡所得の計算において，譲渡益（売却利益）が生じている場合に限られ，土地建物の譲渡は取引ごと，株式の譲渡は株式の銘柄ごとに譲渡損益を計算し，その譲渡益の範囲内で特例適用額を計算します。

　本特例の適用を受けるためには，次の要件をすべて満たす必要があります。

---

① 相続や遺贈により財産を取得した人であること。
② その財産を取得した人に相続税が課税されていること。
③ その財産を，相続開始のあった日の翌日から相続税の申告期限の翌日以後3年を経過する日までに譲渡していること。

---

(4) 特例適用限度額の計算

　土地建物は取引ごとに，株式は銘柄ごとに譲渡損益の計算を行い，その譲渡益が取得費加算の限度額となります。

① 例1

・譲渡価格（譲渡収入金額）　　2,000万円

・取得費及び譲渡費用の合計額　1,800万円

・譲渡益　　　　　　　　　　　＋200万円（＝2,000万円－1,800万円）

　⇒取得費に加算する相続税額は，譲渡益の200万円が限度です。

② 例2

・譲渡価格（譲渡収入金額）　　2,000万円

・取得費及び譲渡費用の合計額　2,500万円

・譲渡損失　　　　　　　　　　▲500万円（＝2,000万円－2,500万円）

　⇒譲渡損失が生じているため，本特例は適用できません。

58　空き家譲渡の特例

> **Q**　昨年，一人暮らしをしていた父が亡くなり，父の住んでいた居宅を相続しました。現在この居宅は空き家となっており，今後住む予定がないので売却しようと思っています。

A　相続により取得したお父様の居宅を売却し，一定の要件に当てはまるときは，譲渡所得の金額から最高3,000万円まで控除することができます。

解説

空き家特例は，次の趣旨から平成28年度税制改正により創設された制度です。

すなわち，周辺の生活環境に悪影響を及ぼし得る空き家の数は，毎年平均して約6.4万戸のペースで増加していますが，そのうち約4分の3は昭和56年5月31日以前の耐震基準（いわゆる「旧耐震基準」）の下で建築されており，また，旧耐震基準の家屋の約半数は耐震性がないものと推計されています。こうした空き家の発生を抑制することで，地域住民の生活環境への悪影響を未然に防ぐことが課題となっています。

こうした状況を踏まえ，相続により生じた空き家であって旧耐震基準の下で建築されたものに関し，相続人が必要な耐震改修又は除却を行った上で家屋又は土地を売却した場合の譲渡所得について特別控除を導入することとされたものです[9]。

(1)　空き家特例の概要

相続又は遺贈により取得した被相続人居住用家屋又は被相続人居住用家屋の

9　波戸本尚ほか『平成28年版改正税法のすべて』（大蔵財務協会，2016年）151頁。

敷地等を譲渡[10]し，一定の要件に当てはまるときは，譲渡所得の金額から最高3,000万円[11]まで控除することができます。

この特例のことをいわゆる「空き家特例」といいます。

(2) 空き家特例の対象となる家屋

空き家特例の対象となる家屋（以下「被相続人居住用家屋」といいます。）は，相続の開始の直前（下記(3)参照）において被相続人の居住の用に供されていた家屋で，次の要件のすべてを満たすものをいいます。

---

① 昭和56年5月31日以前に建築されたこと。
② 区分所有建物登記がされている建物でないこと。
③ 相続の開始の直前において被相続人以外に居住をしていた人がいなかったこと。

---

(3) 被相続人が相続の開始直前に老人ホーム等に入所していた場合

令和元年度税制改正において，被相続人が相続の開始の直前に老人ホーム等に入所していた場合であっても，次の趣旨から一定の要件の下で本特例を適用できることとされています（措法35⑤，措令23⑧，措通35－9の2）。

すなわち，本特例の対象となる被相続人居住用家屋は，相続開始の直前において被相続人の居住の用に供されていることが要件とされています。しかし，その人の身体上又は精神上の理由により介護を受ける必要があるため，老人ホーム等に入所し自宅を離れることになる一方で，実際には，自宅を離れた後も，一時的に元の自宅に戻り，又は元の自宅を家財置き場等として使用する場合もあります。

こうした場合には，その人が老人ホーム等に入所しても一律に元の自宅から生活の拠点を移転したとはいえず，元の自宅が空き家となったとは考えられな

---

10 平成28年4月1日から令和9年12月31日までの間の譲渡が対象となります。
11 令和6年1月1日以後に行う譲渡で，被相続人居住用家屋及び被相続人居住用家屋の敷地等を相続又は遺贈により取得した相続人の数が3人以上である場合は，2,000万円です。

いことから，本特例を適用できることとされました[12]。

(4)　空き家特例の対象となる敷地等

　空き家特例の対象となる敷地等（以下「被相続人居住用家屋の敷地等」といいます。）とは，相続の開始の直前[13]において被相続人居住用家屋の敷地の用に供されていた土地又はその土地の上に存する権利をいいます。

(5)　特例の適用を受けるための主な要件

①　相続又は遺贈により取得した被相続人居住用家屋，又は被相続人居住用家屋及び被相続人居住用家屋の敷地等を譲渡すること（被相続人居住用家屋について，譲渡の時から譲渡の日の属する年の翌年2月15日までの間に，耐震基準を満たす必要があります。）。

②　相続又は遺贈により取得した被相続人居住用家屋について，譲渡の時から譲渡の日の属する年の翌年2月15日までの間に全部の取壊し等をした後に被相続人居住用家屋の敷地等を譲渡すること。

③　相続又は遺贈により取得した被相続人居住用家屋を譲渡するか，被相続人居住用家屋とともに被相続人居住用家屋の敷地等を譲渡する場合で，相続の時から譲渡の時まで事業の用，貸付けの用又は居住の用に供されていたことがないこと。

④　相続の開始があった日から3年を経過する日の属する年の12月31日までに譲渡すること。

令和6年	令和7年	令和8年	令和9年
1/2相続開始 ————————————————————————→			
相続開始日から3年を経過する日の属する年の12月31日までの譲渡			

12　内藤景一朗ほか『令和元年版改正税法のすべて』（大蔵財務協会，2019年）141頁。
13　老人ホーム等に入所する等で空き家であった場合は，老人ホーム等への入所の直前となります。

⑤　被相続人の居住の用に供していた部分の譲渡金額の総額（複数の者が共有で取得し譲渡した場合や物件を分割して複数年で譲渡した場合は，それらすべての合計額）が1億円以下であること（措法35⑦）。

　なお，譲渡物件が共有や複数年等に分かれるケースでは，本特例を受けようとする相続人は，他の居住用家屋取得相続人に対し本特例を受ける旨の通知をしなければなりません（措法35⑧）。そして，被相続人居住用家屋又は被相続人居住用家屋の敷地等を譲渡した日から3年を経過する日の属する年の12月31日までに残りの部分を自分や他の相続人が譲渡した結果，譲渡代金の合計額が1億円を超えたときには，その譲渡の日から4か月以内に修正申告書の提出と納税を行わなければなりません（措法35⑨）。

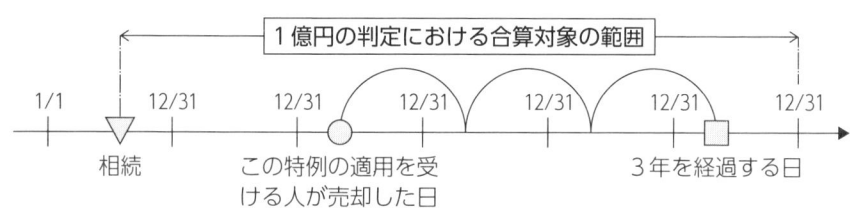

（出所）　国税庁タックスアンサー№3306「被相続人の居住用財産（空き家）を売ったときの特例」

⑥　売却した家屋や敷地等について，相続財産を譲渡した場合の相続税額の取得費加算の特例（措法39）や収用等の場合の特別控除など他の特例の適用を受けていないこと（前記**56**(6)参照）。

⑦　同一の被相続人から相続又は遺贈により取得した被相続人居住用家屋又は被相続人居住用家屋の敷地等について，この特例の適用を受けていないこと。

⑧　親子や夫婦など特別の関係がある人に対して売却したものでないこと。

　なお，「特別の関係」には，このほか生計を一にする親族，家屋を売却した後その売却した家屋で同居する親族，内縁関係にある人，特殊な関係のある法人なども含まれます。

(6)　本事例における特例の適用の可否等

相談者が父親から相続により取得した土地及び建物について，一定の要件を

満たす場合は，本特例の適用を受けることができます。

　この場合，土地及び建物を相続又は遺贈で取得する必要があり，建物のみ，又は土地のみの相続又は遺贈をしたときは本特例の適用はありません。

　また，父親が要介護など一定の事由により老人ホームに入所していた場合においても，老人ホーム入所から譲渡までの間に，その居宅を貸付けや父親以外の人の居住の用に供していないなどの要件[14]を満たすことにより，本特例の適用を受けることができます。

⑺　改正空き家法の施行

　改正空き家法[15]は，空き家の所有者に活用の意向がない，又は意向はあっても活用に向けた活動が行われていない空き家が放置され，防犯，防災，衛生面等の観点から周辺環境に影響を与えることが懸念される状況を踏まえ，空き家の①活用拡大，②管理の確保及び③特定空き家[16]等の除去等を3本柱に据えて改正が行われ，令和5年12月13日に施行されました。

　放置すれば特定空き家になるおそれのある空き家（管理不全空き家）に対し，管理指針に則した措置をとり，市区町村長が指導・勧告を行い，勧告を受けた管理不全空き家は，固定資産税の住宅用地特例（6分の1等に減額）が解除されることとされています。

14　譲渡した資産の所在地を管轄する市区町村長から「被相続人居住用家屋等確認書」の交付を
　　受ける必要があります。
15　空家等対策の推進に関する特別措置法の一部を改正する法律（令和5年法律第50号）
16　周囲に著しい悪影響を及ぼす空き家をいいます。

59 国外転出（相続）時課税

Q 父は，相続開始時点で１億円を超える有価証券を保有していました。共同相続人のうち１名は国外に居住しています。

A お父様が相続開始日時点において１億円以上の有価証券を保有しており，非居住者である相続人がその有価証券の全部又は一部を取得した場合には，国外転出（相続）時課税の適用があります。この場合，お父様が相続開始日時点でその有価証券を譲渡したものとして，その非居住者である相続人は所得税の準確定申告を行わなければなりません。

解説 ··

(1) 国外転出（相続）時課税とは

国外転出時課税とは，居住者が含み益の生じている有価証券等を保有したまま出国し，キャピタルゲイン課税のない国で有価証券等を譲渡することで所得税課税を逃れることを防止するための制度です（所法60の２）。

この制度は，相続により国内に居住する被相続人から国外に居住する相続人へ有価証券等が移転した場合にも，適用されます（所法60の３）。

(2) 対象者

次のいずれにも該当する被相続人から，非居住者へ対象資産の移転があった場合に，課税の対象となります。

> ① 相続開始の時において，１億円以上の対象資産を所有していること。
> ② 原則として相続開始日前10年以内において，国内に５年を超えて住所又は居所を有していること。ただし，一定の在留資格をもって在留していた期間は含みません。

なお，対象資産の価額の合計額が１億円以上となるか否かについては，非居住者が取得する対象資産の価額のみでなく，被相続人が相続開始時に所有していた対象資産の価額の合計額で判定することに注意が必要です。

(3) みなし譲渡所得課税の特例の適用対象となる対象資産の範囲

みなし譲渡所得課税の特例の適用対象となる「対象資産」は，有価証券等，未決済信用取引等及び未決済デリバティブ取引で，以下のとおりです。

① 有価証券等

みなし譲渡所得等の課税の特例の適用対象となる「有価証券等」とは，「有価証券」又は「匿名組合契約の出資の持分」をいいます（所法60の２①）。このうち，「有価証券」とは，金融商品取引法に規定する有価証券及び所得税法施行令に規定する有価証券に準ずるものをいい（所法２①十七，所令４），租税特別措置法上の「株式等」とは異なる点に注意が必要です。

② 未決済信用取引等

みなし譲渡所得等の課税の特例の適用対象となる「未決済信用取引等」とは，国外転出の時において決済していない金融商品取引法に規定する信用取引又は発行日取引をいいます（所法60の２②）。

③ 未決済デリバティブ取引

みなし譲渡所得等の課税の特例の適用対象となる「未決済デリバティブ取引」とは，国外転出の時において決済していない金融商品取引法に規定するデリバティブ取引をいいます（所法60の２③）。

(4) 所得税の準確定申告

国外転出（相続）時課税の適用がある場合には，被相続人が相続開始時点で

所有する有価証券等を譲渡したものとして，所得税の準確定申告を行う必要があります。準確定申告の期限は，相続開始を知った日から4か月以内です（前記**54**(1)参照）。

しかし，例えば遺言がある場合や，準確定申告の期限前に遺産分割協議が確定した場合などで，非居住者がその対象資産を取得しないことが確定したときには，国外転出（相続）時課税の適用はありません。準確定申告の期限までに未分割であった場合には，非居住者も含め法定相続分で有価証券を取得したものとして，準確定申告を行います。

なお，準確定申告において納付すべき所得税額は，被相続人の債務として，相続税の計算上控除することができます。

(5) 納税猶予

みなし譲渡所得課税の特例の適用においては，未実現の含み益に対して課税され，その含み益に見合う納税資金は実在しないことから，納税猶予の制度が設けられています。

国外転出（相続）時課税の申告期限までに，納税管理人の届出をするなど一定の手続を行った場合には，本規定の適用により納付することとなった所得税について，相続開始の日から5年4か月（納税猶予期限の延長をしている場合には10年4か月）を経過する日まで，納税を猶予することができます。ただし，納税猶予期間中に対象資産を譲渡した場合や，猶予期間が満了した場合には，猶予された所得税及び利子税を納付しなければなりません。

なお，猶予期間満了前に，納税を猶予されていた非居住者が日本に帰国した場合には，国外転出（相続）時課税の適用がなかったものとして，課税の取消しをすることができます。この場合，帰国の日から4か月以内に更正の請求を行います（所法60の2⑥，153の2①，60の3⑥，153の3①）。

Column｜プロベート手続での財産換価

プロベート手続の中での換価

　日本の居住者が国外財産を相続する場合において，プロベート（前記 **27**(1)参照）の中で，その国外財産の換価が行われることがあります。

　プロベートが完了するまでは，対象となる財産は遺産財団に帰属し，相続人への分配は行われません。つまり，プロベートが必要とされる国においては，売却の当事者は遺産財団であり，プロベートの過程で，例えばその国に所在する不動産や金融機関に預け入れている有価証券を売却したとしても，その換価代金は遺産財団に帰属します。この点，日本にはプロベートや遺産財団という概念がなく，プロベートを通して換価された場合であっても，日本の所得税の課税対象となります。

　一般的に国外の不動産や有価証券は，取得時と比べ，値上がりしているケースが多く，プロベートの過程でその国の財産が売却されたときは，相続人の所得として多額の所得税が生じる可能性があります。このため，国際相続が発生し，国外財産を換価した場合には，相続税だけでなく，所得税の納税資金についても確保する必要があります。

所得税の納税義務

　日本の所得税の納税義務者は大きく居住者と非居住者に区分されますが，そのうち，居住者とは，国内に住所を有し，又は現在まで引き続き1年以上国内に居所を有する個人をいいます（所法2①三）。居住者である場合には，国内外すべての所得（全世界所得）に対して，所得税の課税対象となることから，国外の不動産の譲渡についても所得税の課税対象となります。

プロベート手続の中での売却のタイミング

　所得税の申告と納税の期限は，換価した年の翌年3月15日ですから，例えば，遺産財団が12月に換価したような場合には，所得税の申告期限までの期間が短く，申告と納税の準備に十分な時間を確保することが難しくなります。プロベートの過程で換価される場合には，売却のタイミングを相

続人側でコントロールすることが難しいと思われますが，このような場合，遺産財団に対し，あえて売却を翌年に繰り延べることを働きかけることによって，所得税の確定申告時期を1年間先延ばしにすることも考慮します。

　また，プロベートの過程で換価された国外財産は，相続により取得した資産の譲渡に該当しますから，相続財産を譲渡した場合の相続税額の取得費加算の特例（措法39）の適用可否についても，検討する必要があります。

外国税額控除（所得税）

　日本では，相続人それぞれが取得する財産の割合に応じて所得税の納税義務が生じますが，国によっては，遺産管理者等が遺産から生じる所得に対応する所得税をまとめて申告納税しています。この場合でも，申告する所得が同一であれば，遺産管理者名義で納めた所得税に対して相続人が外国税額控除の適用を受けることができるものと思われます。

　外国での所得課税については，源泉徴収される場合と申告納税する場合の2通りがあります。源泉徴収される場合には，資産の売却金額から源泉徴収して納税されるため，売却した年の譲渡所得の申告時に，外国税額控除を適用して日本の所得税を計算することができます。一方，外国で申告納税を行う場合には，売却した年と外国で納税する年とがずれるため，日本の所得税の申告時期の関係上，外国税額控除を適用する年にずれが生じることがあります。

　控除できる外国税額には限度額や制限があり，国際間での二重課税を完全には調整できないケースも生じるため，注意を要します。

第 12 章

近年の相続税法関連の改正

60 暦年贈与加算の改正

> **Q** 母は高齢となり，私への贈与を考えているようです。最近の税制改正では，相続税の計算に足し戻される生前贈与について改正が行われたと聞きました。

A あなたが，お母様から相続，遺贈によって財産を取得した場合，お母様からその相続開始前7年以内に暦年課税贈与によって取得した財産があるときは，あなたの相続税の課税価格に贈与を受けた財産の贈与時の価額が加算されます（以下「生前贈与加算」といいます。前記**12**(1)参照）。

解説 ··

生前贈与加算は，生前の分割贈与による相続税負担の軽減を図ることを防止するための措置として設けられています。

令和5年度税制改正では，資産移転（贈与による移転・相続による移転）の時期の選択により中立的な税制を構築する観点から，次の改正が行われました。

(1) 加算対象期間の見直し

被相続人からその相続開始前7年以内（令和5年度税制改正前は3年以内）に受けた暦年課税贈与が，加算対象となります（相法19①）。なお，この加算期間の延長には経過措置が設けられており，実際の加算期間は次のようになります（令5改正法附則19②③）。

相続開始日	加算対象となる贈与
令和6年1月1日～令和8年12月31日	相続開始前3年以内の贈与
令和9年1月1日～令和12年12月31日	令和6年1月1日～相続開始日までの贈与
令和13年1月1日以後	相続開始前7年以内の贈与

【令和9（2027）年10月1日に相続開始の場合】

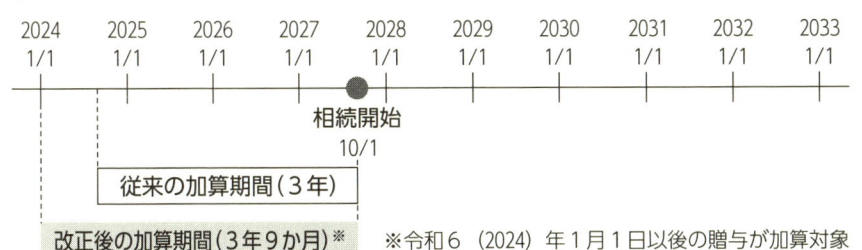

【令和13（2031）年10月1日に相続開始の場合】

(2)　加算される財産の価額の見直し

　相続開始前7年以内（令和5年度改正前は3年以内）に被相続人から受けた贈与については，総額100万円までの金額は相続税の課税価格に加算されない措置が設けられました（相法19①）。

【毎年4月1日に110万円を暦年課税贈与，令和14（2032）年10月1日相続開始の場合】

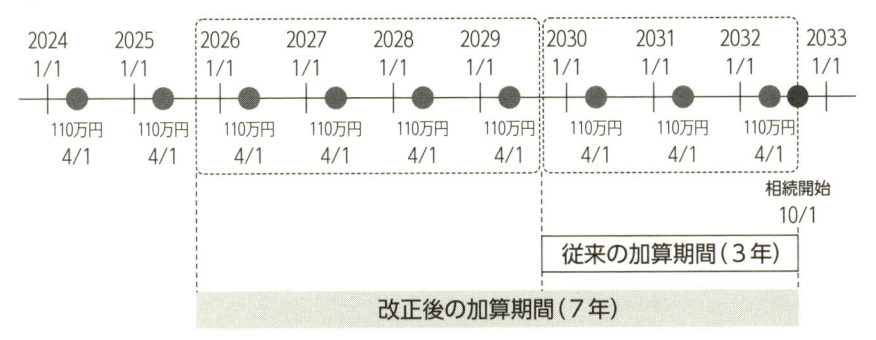

> ①2030年～2032年中に贈与を受けた金額の合計＝330万円
> ②2026年～2029年中に贈与を受けた金額の合計＝440万円＞100万円　∴440万円－100万円＝340万円
> ①＋②＝670万円を相続税の課税価格に加算

⑶　暦年課税贈与に当たっての留意事項

　暦年課税贈与の生前贈与加算の対象となる人は，被相続人から相続又は遺贈によって財産を取得した人です。したがって，被相続人の子の配偶者や代襲相続人ではない孫など，被相続人から遺贈を受けていない人は，生前贈与加算の対象となりません。ただし，これらの人が遺贈やみなし相続財産・みなし遺贈財産とされる生命保険金等や死亡退職金（前記**8**⑵⑶参照）などを取得している場合には，生前贈与加算の対象者となるため注意が必要です。

　相続税の節税対策に当たっては，生前贈与加算の対象とならない人への贈与の検討のほか，相続時精算課税制度（後記**61**参照）も踏まえ，制度の選択を考慮します。

⑷　本事例における生前贈与

　令和5年度税制改正を受け，生前贈与のプランニングは以下の要素をもとに判断するとよいでしょう。母から子への贈与については，これらの要素を総合的に判断しつつ贈与のプランニングを行うとよいと考えられます。

・関係者の範囲及び各関係人の意向
・贈与の目的
・誰に贈与をするのか（推定相続人・受遺者，推定相続人・受遺者以外のいずれに贈与をするのか）
・被相続人の有する財産の内容及びその額
・相続開始が見込まれる時期までの年数
・軽減される税額（贈与税額と相続税額のトータルの税額）
・自社株式など継続して価値上昇が見込まれる財産の有無

61　相続時精算課税制度の改正

Q　私は，節税対策のため，長女と孫に贈与を続けてきました。長女と孫は暦年課税贈与として申告していましたが，今後，相続時精算課税贈与を選択することはできるでしょうか。

A　あなたから財産を贈与により取得したご長女様やお孫さんは，暦年課税贈与に代えてその方々の選択により，相続時精算課税制度の適用を受けることができます（相法21の9〜21の18；前記**12(2)**参照）。

解説 ⋯⋯⋯⋯⋯⋯⋯⋯⋯⋯⋯⋯⋯⋯⋯⋯⋯⋯⋯⋯⋯⋯⋯⋯⋯⋯⋯⋯⋯⋯⋯⋯

　贈与税については，相続税の補完税として生前における贈与を通じた相続税の課税回避を防止するという側面と，所得税・相続税に類する機能として無償の財産移転に対する利得に担税力を見出し負担を求めるという複数の機能を併せ持っている税として構成されています。一生に一度課税される相続税と比べて暦年に分割できる贈与税は，相続税と比べると基礎控除は小さく，税率の累進度は急になっていました。

　一般に，親から子への資産移転に係る税負担は，生前に贈与をする方が相続より重いことから生前贈与に対して禁止的に作用してきました。

　この結果，①高齢化の進展に伴い相続による次世代への資産移転の時期が大幅に遅れてきていること，②高齢者の保有する資産の有効活用を通じて経済社会の活性化に資することを踏まえ，生前における贈与と相続との間で資産の移転時期の選択に対する課税の中立性を確保する観点から，平成15年度税制改正において相続時精算課税制度が創設されました[1]。

1　柴﨑澄哉ほか『平成15年版改正税法のすべて』（大蔵財務協会，2003年）500-501頁。

さらに，令和5年度税制改正では，資産移転（贈与による移転・相続による移転）の時期の選択により中立的な税制を構築する観点から，相続時精算課税制度のより一層の利用促進のために，次の見直しが行われました。

> ① 令和6年1月1日以後の贈与から，相続時精算課税贈与における贈与税の計算において年間110万円の基礎控除が新設。相続時精算課税贈与であっても，毎年110万円までの贈与であれば贈与税の申告と納税は不要に。
> ② 令和6年以後に行われた相続時精算課税贈与について，相続財産に加算される相続時精算課税適用財産の価額は，基礎控除額110万円を差し引いた後の価額を加算。

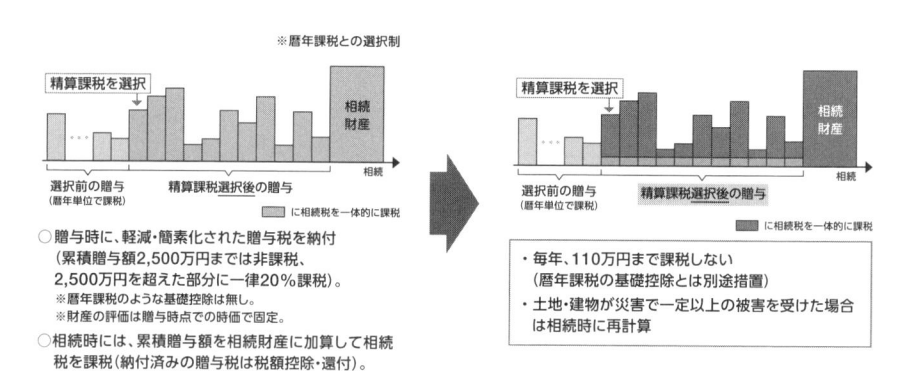

（出所）　財務省「令和5年度税制改正」（令和5年3月）5頁

(1) 相続時精算課税贈与に係る贈与税の基礎控除の新設

令和6年1月1日以後の贈与から，相続時精算課税贈与の贈与税の計算において毎年110万円までの基礎控除が新設されました（相法21の11の2，措法70の3の2①）。改正前の相続時精算課税贈与に係る贈与税の計算においては，このような基礎控除はなく，たとえ少額の贈与で贈与税が生じなくても贈与税の申告が必要であり，制度普及の障害になっているとの指摘がありました。

この基礎控除の新設を受け，年間110万円までの相続時精算課税贈与であれば贈与税の申告・納税が不要となります。なお，相続時精算課税贈与の基礎控除の留意点としては，次の2点があります。

①　相続時精算課税贈与の基礎控除は暦年課税贈与の基礎控除と重複して適用することが可能。このため，相続時精算課税贈与と暦年課税贈与を併用することにより年間220万円まで無税で贈与を行うことが可能に。
　（※）相続時精算課税制度を選択した贈与者と暦年課税贈与の贈与者が異なる場合
②　複数の特定贈与者から相続時精算課税贈与を受けた場合には，相続時精算課税贈与に係る贈与税の基礎控除額110万円を贈与税の課税価格で按分。

【上記①の基礎控除のイメージ（相続時精算課税贈与と暦年課税贈与）】

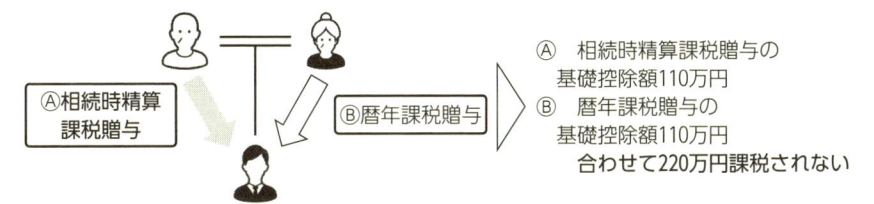

【上記②の基礎控除のイメージ（相続時精算課税贈与と相続時精算課税贈与）】

⑵　相続財産に加算される相続時精算課税適用財産の価額の改正

　相続財産に加算される相続時精算課税適用財産の価額は，基礎控除（原則110万円）を差し引いた後の価額とされました（相法21の15，21の16，措法70の3の2②）。

　これまで，相続時精算課税贈与により取得した財産については，どんなに少額の財産であったとしても相続財産への加算が必要でした。しかし，令和6年1月1日以後の相続時精算課税贈与からは年間110万円の基礎控除が新設され，この基礎控除相当額の範囲内の贈与であれば相続財産への加算が不要となります。

【改正前の相続時精算課税制度の例】

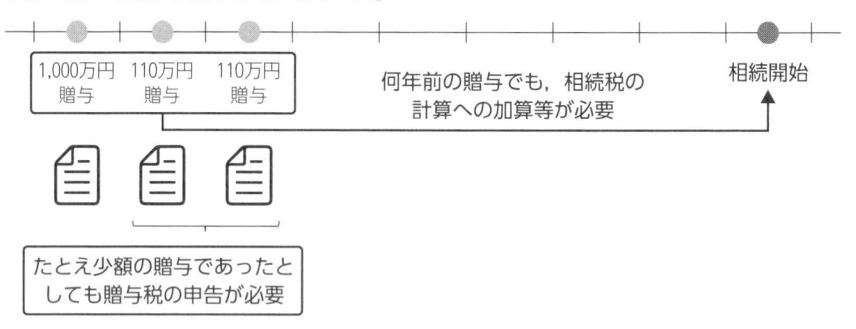

【改正後の相続時精算課税制度の例】

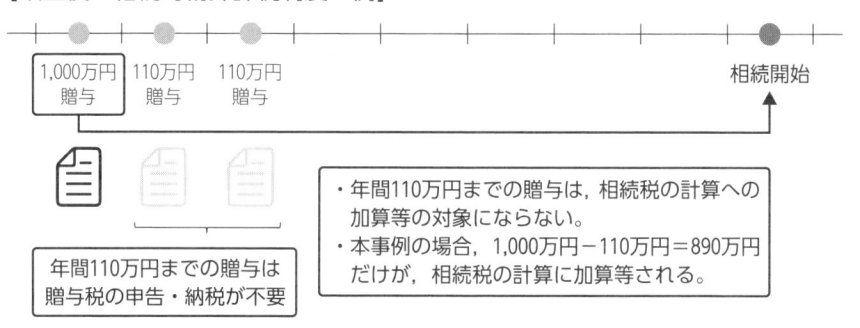

【改正後の暦年課税贈与7年加算と相続時精算課税贈与の比較】

<u>暦年課税贈与</u>

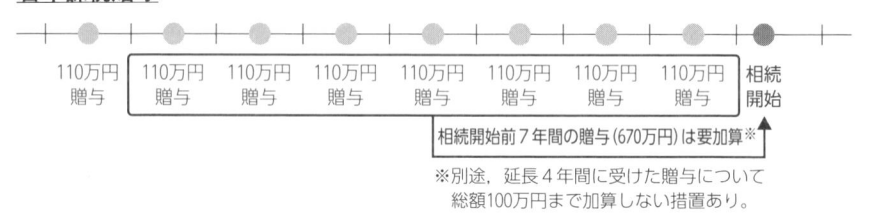

<u>相続時精算課税贈与</u>

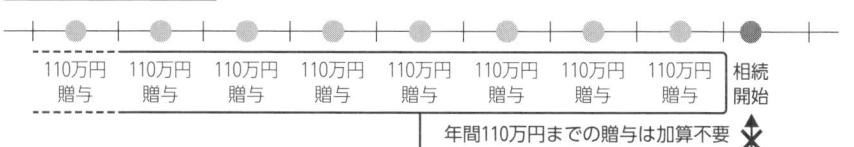

⑶　相続時精算課税に係る土地又は建物の価額の特例

相続時精算課税適用者が，特定贈与者から贈与により取得した土地又は建物[※1]について，その贈与の日からその特定贈与者の死亡に係る相続税の申告書の提出期限までの間に，令和6年1月1日以後に災害[※2]によって一定の被害を受けた場合[※3]（その人がその土地又は建物を贈与日から災害発生日まで引き続き所有していた場合に限ります。）には，その相続税の課税価格への加算の基礎となるその土地又は建物の価額は，その贈与の時における価額から，その災害による被災価額を控除した残額とすることができます（措法70の3の3，措令40の5の3）。

相続時精算課税の災害特例の適用を受けようとする場合は，相続時精算課税適用者が贈与税の納税地の所轄税務署長に原則として災害発生日から3年を経過する日までに承認申請書を提出し，その申請に係る承認を受けなければなりません。

なお，その提出期限までに承認申請書が提出されなかった場合について，宥恕規定は設けられていません。このため，例えば，災害により被害を受けた部分に係る保険金等が確定していない場合であっても，見積額で計算した金額で申請するなど，その提出期限までに承認申請書を提出しなければなりません。

(※1)　「土地又は建物」について，土地の上に存する権利（借地権）は対象とされません。家屋と構造上一体となっている設備は「建物」に含まれますが，建物と独立している構築物は含まれません。

(※2)　「災害」とは，震災，風水害，冷害，雪害，干害，落雷，噴火その他の自然現象の異変による災害及び火災，鉱害，火薬類の爆発その他の人為による異常な災害並びに害虫，害獣その他の生物による異常な災害をいいます。

(※3)　「被害を受けた場合」とは，土地又は建物が災害により物理的な損失を受けた場合をいい，この「物理的な損失」とは，地割れ等土地そのものの形状が変わったことによる損失や建物の損壊及び滅失等による物理的な損失をいいます。したがって，災害により土地又は建物の周囲の街路が破損するなど，その土地又は建物の価値が下落したこと等による「経済的な損失」については，相続時精算課税の災害特例の適用はありません。

【物理的な損失と経済的な損失の例示】

相続時精算課税の災害特例の 対象となる物理的な損失	相続時精算課税の災害特例の 対象とならない経済的な損失
土地そのものの形状が変わったこと又は建物の倒壊等に伴う損失 （具体例） ・土地の地割れ，亀裂 ・土地の陥没 ・土地の隆起 ・土地の海没 ・建物の損壊，滅失	左記以外の損失（地価下落） （具体例） ・街路の破損 ・鉄道交通の支障 ・ライフラインの停止 ・周囲の建物の倒壊 ・がれきの堆積 ・塩害

（出所） 令和 6 年 3 月21日付国税庁「相続税法基本通達等の一部改正について（法令解釈通達）のあらまし（情報）」27頁をもとに作成

62　マンション通達の新設

Q　私は都内の高層マンションに住んでいます。今後に備え，タワーマンションの評価方法を知っておきたいと思います。

A　相続税の節税対策として，マンションの取得や賃貸を行うなどのマンション経営が注目されてきたところですが，最高裁令和4年判決[2]を契機として，マンションの評価方法が見直され，令和6年1月1日以後の相続，贈与等から適用されます。

解説

(1)　最高裁令和4年判決の要旨

被相続人（平成24年6月17日相続開始）は，平成21年に2棟の不動産（各不動産）を13億8,700万円で購入し，その際，信託銀行等から10億5,500万円の借入れをしました。納税者（上告人）らが，各不動産の価額を通達評価額（3億3,370万円余）に基づき相続税の申告をしたところ，税務署が，財産評価基本通達6《この通達の定めにより難い場合の評価》を適用し，鑑定評価額（12億7,300万円）に基づき各更正処分を行ったことから，納税者らが処分の取消しを求めた事案において，最高裁は次のように判断し，税務署による更正処分を妥当としました。

> 相続税法22条は，相続等により取得した財産の価額を当該財産の取得の時における時価によるとするが，ここにいう時価とは当該財産の客観的な交換価値をいうものと解される。そして，評価通達は，上記の意味における時価の評価方法を

2　最判令和4年4月19日（民集76巻4号411頁）

定めたものであるが，上級行政機関が下級行政機関の職務権限の行使を指揮するために発した通達にすぎず，これが国民に対し直接の法的効力を有するというべき根拠は見当たらない。そうすると，相続税の課税価格に算入される財産の価額は，当該財産の取得の時における客観的な交換価値としての時価を上回らない限り，同条に違反するものではなく，このことは，当該価額が評価通達の定める方法により評価した価額を上回るか否かによって左右されないというべきである。

そうであるところ，本件各更正処分に係る課税価格に算入された本件各鑑定評価額は，本件各不動産の客観的な交換価値としての時価であると認められるというのであるから，これが本件各通達評価額を上回るからといって，相続税法22条に違反するものということはできない。

他方，租税法上の一般原則としての平等原則は，租税法の適用に関し，同様の状況にあるものは同様に取り扱われることを要求するものと解される。そして，評価通達は相続財産の価額の評価の一般的な方法を定めたものであり，課税庁がこれに従って画一的に評価を行っていることは公知の事実であるから，課税庁が，特定の者の相続財産の価額についてのみ評価通達の定める方法により評価した価額を上回る価額によるものとすることは，たとえ当該価額が客観的な交換価値としての時価を上回らないとしても，合理的な理由がない限り，上記の平等原則に違反するものとして違法というべきである。もっとも，上記に述べたところに照らせば，相続税の課税価格に算入される財産の価額について，評価通達の定める方法による画一的な評価を行うことが実質的な租税負担の公平に反するというべき事情がある場合には，合理的な理由があると認められるから，当該財産の価額を評価通達の定める方法により評価した価額を上回る価額によるものとすることが上記の平等原則に違反するものではないと解するのが相当である。

これを本件各不動産についてみると，本件各通達評価額と本件各鑑定評価額との間には大きなかい離があるということができるものの，このことをもって上記事情があるということはできない。

もっとも，本件購入・借入れが行われなければ本件相続に係る課税価格の合計額は6億円を超えるものであったにもかかわらず，これが行われたことにより，本件各不動産の価額を評価通達の定める方法により評価すると，課税価格の合計額は2826万1000円にとどまり，基礎控除の結果，相続税の総額が0円になるというのであるから，上告人らの相続税の負担は著しく軽減されることになるというべきである。そして，被相続人及び上告人らは，本件購入・借入れが近い将来発生することが予想される被相続人からの相続において上告人らの相続税の負担を減じ又は免れさせるものであることを知り，かつ，これを期待して，あえて本件購入・借入れを企画して実行したというのであるから，租税負担の軽減をも意図してこれを行ったものといえる。そうすると，本件各不動産の価額について評価通達の定める方法による画一的な評価を行うことは，本件購入・借入れのような行為をせず，又はすることのできない他の納税者と上告人らとの間に看過し難い

不均衡を生じさせ，実質的な租税負担の公平に反するというべきであるから，上記事情があるものということができる。

したがって，本件各不動産の価額を評価通達の定める方法により評価した価額を上回る価額によるものとすることが上記の平等原則に違反するということはできない。

(2)　マンション通達制定までの経緯

令和5年度与党税制改正大綱（令和4年12月16日決定）の基本的考え方等において，「マンションについては，市場での売買価格と通達に基づく相続税評価額とが大きく乖離しているケースが見られる。現状を放置すれば，マンションの相続税評価額が個別に判断されることもあり，納税者の予見可能性を確保する必要もある。このため，相続税におけるマンションの評価方法については，相続税法の時価主義の下，市場価格との乖離の実態を踏まえ，適正化を検討する。」（下線は筆者）と記載されました。

このため，国税庁は，マンションの相続税評価について，市場価格との乖離の実態を踏まえた上で適正化を検討するため，令和5年1月に有識者会議を設置し，その後，見直し案の要旨について有識者からの意見を踏まえ，通達案を作成し，意見公募手続（パブリックコメント）を行いました（同年7〜8月）。

そして，国税庁は令和5年10月6日，相続税におけるマンションの評価方法を定めた個別通達となる「居住用の区分所有財産の評価について（法令解釈通達）」（以下「マンション通達」といいます。）を公表し，令和6年1月1日以後に相続，遺贈又は贈与により取得したマンションの評価については，この通達によることとされました（前記**50**参照）。

(3)　マンション通達への総則6項の適用

財産評価基本通達総則6項は，「この通達の定めによって評価することが著しく不適当と認められる財産の価額は，国税庁長官の指示を受けて評価する。」と定めています。たとえ通達に基づき評価したとしても，その結果，租税負担の公平に反するなどの事情があるときは，是正されることがあるわけです。

この点，国税庁では，マンション通達趣旨情報において，「本通達及び評価通達の定める評価方法によって評価することが著しく不適当と認められる場合には，評価通達6が適用される」とし[3]，また，マンション通達Q&Aにおいて，「一室の区分所有権等に係る敷地利用権及び区分所有権の価額について，評価基本通達6の定めにより，本通達を適用した価額よりも高い価額により評価することもあります。」とされています[4]。

区分所有マンションの評価額についてマンション通達を適用して算定したとしても，市場売買価額と著しい乖離があり，かつ，近い将来相続が発生することが見込まれる人及びその推定相続人等が相続税節税目的で多額の融資を受けマンションを購入する場合などが，マンション通達により評価することが著しく不適当と認められる場合に該当すると考えられますが，マンション通達において，どのような場合に総則6項が適用されるかについて，具体的な取扱いは示されていません。

(4)　マンション通達の今後の見直し

国税庁では，マンション通達の今後の見直しについて，「3年に1度行われる固定資産税評価の見直しに併せて行うことが合理的であり，改めて実際の取引事例についての相続税評価額と売買実例価額との乖離状況等を踏まえ，その要否を含めて行うことを考えています。」との考え方を示しています[5]。

よって，路線価方式のように毎年の改正はなく，3年間は評価乖離率（前記**50**(2)参照）を含むマンション通達の改正はないものと見込まれます。

なお，マンション市場の高騰や急落など経済情勢の変化によっては，3年を待たずして改正されることも考えられます。

3　令和5年10月11日付国税庁「「居住用の区分所有財産の評価について」（法令解釈通達）の趣旨について（情報）」14頁

4　令和6年5月14日付国税庁「「居住用の区分所有財産の評価に関するQ&A」について（情報）」13頁

5　令和5年10月6日付国税庁「「居住用の区分所有財産の評価について」の法令解釈通達（案）に対する意見募集の結果について」8頁

63　相続土地国庫帰属制度の創設

> **Q**　父が亡くなり田舎の土地を相続しました。利用する当てもないので処分しようと思いますが，買い手がみつかりません。

A　令和5年4月から，相続により土地の所有権を取得した人は，一定の要件を満たすとき，その土地の所有権を国庫に帰属させることができる制度を利用することができます。

解説

相続した土地について，「遠くに住んでいて利用する予定がない」，「周りに迷惑がかかるから管理が必要だけど負担が大きい」などの理由により，土地を手放したいというニーズが高まっています。このため，不動産についても所有権を放棄し，これにより無主の不動産となって，所有権は国庫に帰属するのではないか（民法239②）という議論が生じました。しかし，裁判例[6]は，不動産の所有権放棄の可否について明言を避けながら，その事案では放棄できるとしても国に対する所有権移転登記を求める請求は権利濫用等に該当し無効であると判断しました。

このような土地が管理されずに放置されると，将来，「所有者不明土地」が発生するリスクが高まります。そこで，このような所有者不明土地の発生を予防するため，相続又は相続人に対する遺贈（以下，本項において「相続等」といいます。）によって土地の所有権又は共有持分（以下「所有権等」といいます。）を取得した相続人が，一定の要件を満たすときは，土地を手放して国庫に帰属させることを可能とする「相続土地国庫帰属制度」が創設されました

---

[6]　広島高松江支判平成28年12月21日（訟月64巻6号863頁）

（相続土地国庫帰属法 1 ）。

(1)　申請できる人

その土地の所有権等を国庫に帰属させることについて，承認を申請することができる人は，相続等によって土地を取得した人に限られます。建物は対象になりません。売買や贈与など相続等以外の原因により自ら土地を取得した人や，相続等により土地を取得することができない法人は，基本的に本制度を利用することはできません。

もっとも，共有持分については，共有者全員が共同して国庫帰属の承認申請を行う必要があり，このため，他の共有者も相続等に係る共有持分の取得者と一緒に承認申請を行うことにより国庫帰属させることができます（相続土地国庫帰属法 2 ②）。

(2)　引き取ることができない土地の要件

国庫に帰属した後，通常の利用ができ，国が管理する上で過分の費用・労力がかからないよう要件が定められています。所有者がその負担を国に対して不当に転嫁する事態を回避するためです。

① 申請をすることができないケース（却下事由）（相続土地国庫帰属法 2 ③）

> イ　建物がある土地
> ロ　担保権や使用収益権が設定されている土地
> ハ　他人の利用が予定されている土地
> ニ　土壌汚染されている土地
> ホ　境界が明らかでない土地，所有権の存否や範囲について争いがある土地

② 承認を受けることができないケース（不承認事由）（相続土地国庫帰属法 5 ①）

> イ　一定の勾配・高さの崖があって，管理に過分な費用・労力がかかる土地
> ロ　土地の管理・処分を阻害する工作物，車両又は樹木その他の有体物が地上にある土地

> ハ　土地の管理・処分のために，除去しなければいけない有体物が地下にある土地
>
> ニ　無道路地（民法210①②），所有権に基づく使用又は収益が現に妨害されている土地（その程度が軽微なものを除く。）（相続土地国庫帰属法5①四，同法施行令4②一，二）
>
> ホ　通常の管理・処分をするに当たり過分の費用・労力を要する土地として同法施行令4条3項で定めるもの

(3)　負担金等

　本制度の承認を申請する場合には，申請書に審査手数料額に相当する額の収入印紙（土地1筆当たり14,000円）を貼付して納付する必要があります。

　必要に応じて調査が行われ（相続土地国庫帰属法6），要件を満たす場合には法務大臣は申請を承認します（同法5①）。審査には半年から1年間程度の期間を要するとされています。

　相続した土地の国庫帰属が承認された時点で，国の将来の管理費用の前払いとして，管理に要する10年分の標準的な費用の額を考慮して定めるものとされています（同法10①）。具体的な算定方法は，同法施行令5条のとおりです。

　なお，偽りその他不正の手段により承認を受けたことが判明したときは，法務大臣は承認を取り消すことができ（同法13①），承認を受けた人が不承認の事由があることを知りながら告げずに承認を受けた場合には，損害賠償責任を負担することになります（同法14）。

(4)　課税上の取扱い

　本制度を利用することにより，その土地の所有権は，相続等によりその土地を取得した人から国に移転するわけですが，移転に伴い生じると見込まれる次の課税上の取扱いは現時点で示されていません。

①　相続財産の評価

　本制度を利用して国庫に帰属することとなる土地については，引き取り手がいないなど財産的価値がないものと見込まれるところ，相続開始後，国への引

取りが承認された場合，更正の請求によって，時価の見直しが可能であるのか。また，この場合，負担金は債務控除の対象となるのか。

② 寄附金控除の適用

相続等によって取得した財産を，相続税の申告期限までに，国や地方公共団体等に寄附した場合は，その寄附をした財産や支出した金銭は相続税の対象としない特例があるが，この特例の適用はあるのか。

③ 譲渡所得の計算

その土地の所有権が国に移転したとき，譲渡所得が発生することになるのか。この場合，収入金額はゼロとするのか，相続税評価額とするのか。また，譲渡所得が発生する場合，取得費用を控除し生じた譲渡損失の金額について，その損失の金額を他の土地や建物の譲渡所得から控除することができるのか。さらに，負担金は譲渡費用として取り扱われるのか。

64　相続登記の義務化

Q 父が亡くなりました。相続財産を見直したところ，実家の土地が祖父名義のままであり，分割協議も行われていないことが判明しました。このほど，相続登記が義務化されたと聞きましたが，どうすればよいのでしょうか。

A 相続により不動産の所有権を取得した場合には3年以内に所有権移転登記を行う必要があります。正当な理由なくこれを怠った場合には，10万円以下の過料の制裁が定められていますが，相続人が多数である場合には正当な理由があるものと認められる可能性があります。また，相続人申告登記を行うことにより，相続登記の申請義務を履行したものとみなされ，過料を回避することができます。

解説 ………………………………………………………………………

(1)　相続登記の申請義務化

従来，相続が発生しても登記がされず，放置される事例があり，二次相続，三次相続と相続が重なると，登記を閲覧しても権利関係がわからない事例が生じていました。

このため，令和6年4月1日より，相続等により所有権を取得した相続人は所有権移転登記が義務付けられました。

(2)　登記を義務付けられる人・期限

登記を義務付けられる人は，登記名義人について相続が開始し，その相続により所有権を取得した相続人及び遺贈により所有権を取得した相続人です（不

動産登記法76の2①）。これと平仄を合わせて，従来，遺贈を原因とする場合には単独で所有権移転登記ができませんでしたが，相続人に対する遺贈の場合には単独申請により移転登記ができることに法改正されています（同法63③）。相続人ではない第三者に対する遺贈があった場合には，その第三者は登記を義務付けられていません。

　また，登記を行うべき期限は，自己のために相続の開始があったことを知り，かつ，その所有権を取得したことを知った日から3年以内です（同法76の2①）。このため，相続が開始してもそのことを知らなかったり，相続財産に不動産があること（したがって，その所有権を取得したこと）を知らなかったりした場合には，3年の期間は進行しません。

　もっとも，「相続により所有権を取得したこと」には，特定財産承継遺言により単独所有権を取得した場合だけではなく，未分割で共有持分を取得したことを知った場合も含まれるため，遺産分割協議が成立していない場合であっても登記（法定相続分に従った共有の登記）を行う義務があります。この場合には，さらに遺産分割が成立した時から3年以内に分割によって取得した内容に従って所有権移転登記を行う必要があります（同②）。

(3) 過料の制裁

　正当な理由なく上記(2)の登記申請を怠った場合には，10万円以下の過料の制裁が定められています（不動産登記法164①）。

　この制裁の前には，登記官から，相当の期間を定めてその申請をすべき旨を催告することが予定されています（不動産登記規則187一参照）。

　この「正当な理由」については，最終的には個別の事情によりますが，「相続登記等の申請義務に係る相続について，相続人が極めて多数に上り，かつ，戸籍関係書類等の収集や他の相続人の把握等に多くの時間を要する場合」などが通達[7]に例示されています。

7　令和5年9月12日付法務省民二第927号「民法等の一部を改正する法律の施行に伴う不動産登記事務の取扱いについて（相続登記等の申請義務化関係）（通達）」

⑷　相続人申告登記

　以上のように，相続人には登記義務がありますが，相続人の負担が重いことに鑑み，相続人申告登記の制度が定められました。これは，登記簿上の所有者について相続が開始したことと自らがその相続人であることを申し出る制度です（不動産登記法76の3①）。

　この申出がされると，申出をした相続人の氏名・住所等が登記され，これにより相続登記の申請義務を履行したものとみなされます（同②）。申出に際し，法定相続人の範囲及び法定相続分の割合の確定は不要とされており，これらの事項は登記されません。

⑸　課税上留意すべき事項

　登記は第三者に対する対抗要件であり（民法177），相続登記の申請義務化に伴って，課税関係に変更があるわけではありません。

　しかし，本事例のように，相続財産の中に祖父名義の土地があった場合，父親に係る相続税申告に当たり，相続財産を確定する必要があります。祖父名義の土地は，祖父の相続人全員の共有財産の状態になっている（民法898①）ことから，所有者を確定するに当たっては，祖父の相続まで遡り，遺産分割協議を行わなければなりません。相続人の確認や相続人との協議に手間や時間，費用がかかります。また，納税資金が不足するなどのため，相続した土地を換金し，その代金を納税資金に充てようとしても，土地の名義が祖父名義のままですと売却することができません。

　このような事態を避けるために，分割手続や名義変更が行われていない先代名義の不動産は，すみやかに整理することが求められます。

65 具体的相続分による遺産分割の時的限界に係る改正

> **Q** 11年前に祖父が亡くなり，父が今年亡くなりました。祖父名義の土地があり，祖父の相続人の1人である叔母に祖父の遺産分割を申し入れたところ，叔母は，父が生前に祖父から1,000万円の自宅建築資金の贈与を受けており，特別受益があるため，これを考慮して遺産分割をするべきである旨を主張しています。

A 特別受益を考慮して遺産分割を行う旨の主張は正当ですが，相続開始後10年を経過しているため，あなたは，単純に2分の1ずつの分割を主張することができます。

解説 ………………………………………………………………………

長期間放置された後の遺産分割では，具体的相続分に関する証拠等が散逸し，その認定が困難となる上，いつまでも特別受益や寄与分の主張が可能であると，遺産分割を行う動機付けなく，未分割のまま放置されるおそれがあることから，遺産分割に係る民法改正が行われ，特別受益及び寄与分の主張制限が設けられました。改正法のルールは令和5年4月1日から適用されています。

(1) 具体的相続分

遺産分割の基準として法定相続分が定められていますが，被相続人の遺した財産をそのまま法定相続分により分割すると不公平になる場合があります。このため，法定相続分を調整するのが特別受益（民法903），寄与分（民法904の2）です。

法定相続分が調整されて，その結果，遺産分割の基準となる相続分（割合）

を具体的相続分といいます。

(2)　特別受益

　特別受益とは，遺贈又は婚姻若しくは養子縁組のため若しくは生計の資本としての贈与です（民法903①）。遺贈には，「相続させる遺言」（特定財産承継遺言）による取得や死因贈与も含まれます。

　贈与は，すべての贈与（例えば親が子供に与えたお小遣い）が含まれるわけではなく，婚姻や養子縁組のために与えた贈与や生計の資本としての贈与に限定されます。どのくらいの金額が「生計の資本」となるのかは一概にはいえませんが，相続人間の公平を害し，相続分の前渡しといえるような贈与がこれに当たると解されます。

　特別受益がある場合には，具体的相続分は次のように計算されます。このように計算されることを特別受益の「持ち戻し」といいます。

特別受益を受けた相続人の相続分＝（相続財産＋特別受益）×法定相続分
－特別受益
その他の相続人の相続分＝（相続財産＋特別受益）×法定相続分

　特別受益は相続開始時の時価に評価し直します（民法904）。このため，相当以前に受けた贈与について相続開始時の時価に評価し直すと，とても高額になっている場合があり得ます。

　上記の計算の結果，特別受益を受けた相続人の相続分がマイナスになる場合には，その人が遺産分割で取得する財産がなくなるだけで，法定相続分を超える部分を返還する必要があるわけではありません（民法903②）。ただし，遺留分を侵害している場合には，遺留分侵害額請求を受けることがあります。

(3)　寄与分

　寄与分とは，被相続人の事業に関する労務の提供又は財産上の給付，被相続人の療養看護その他の方法により被相続人の財産の維持又は増加について特別の寄与をした相続人がいた場合に，その相続分を修正するものです（民法904

の2①)。

寄与分については，主張すれば直ちに認められるわけではなく，相続人間の協議により合意するか，家庭裁判所に寄与分を定める申立てを行い，決定してもらう必要があります（民法904の2②)。

寄与分が認められた場合の相続分は，次のように計算されます（民法904の2①)。

寄与した相続人の相続分＝（相続財産－寄与分）×法定相続分＋寄与分
その他の相続人の相続分＝（相続財産－寄与分）×法定相続分

⑷　特別受益・寄与分の主張の期間制限

特別受益・寄与分の主張は，相続開始後10年を経過すると主張することができなくなります（民法904の3)[8]。

この場合には，法定相続分による分割のみが可能となります。遺産分割が行われないまま長期に放置される事案があることから，遺産分割を推進する観点から期間制限が行われました。ただし，施行日前に相続が開始した遺産の分割については，相続開始時から10年を経過する時又は施行の時から5年を経過する時のいずれか遅い時までは，特別受益・寄与分の主張をすることができます（令3民法改正附則3参照)。

例外として，①相続開始の時から10年を経過する前に，相続人が家庭裁判所に遺産の分割の請求をしたとき，②相続開始の時から始まる10年の期間の満了前6か月以内の間に，遺産の分割を請求することができないやむを得ない事由が相続人にあった場合において，その事由が消滅した時から6か月を経過する前に，その相続人が家庭裁判所に遺産の分割の請求をしたときについては，相続開始後10年を経過していても特別受益・寄与分の主張を行うことができます。

また，当事者が任意に合意して特別受益や寄与分を考慮して遺産分割を成立させることは妨げられません。

8　令和5年4月1日施行。ただし，改正法の施行日現在における相続開始日からの経過年数に応じた経過措置があります。

　なお，遺産については，その性質から，相続人が遺産分割手続によらず共有物分割請求を行うことはできないと解されてきましたが，上記の期間制限が設けられたことから，このことを明示するとともに（民法258の2①），相続開始後10年を経過した場合には共有物分割請求を行うことができることとなりました（同②）。

(5)　本事例の取扱い

　本事例については，祖父の相続開始から11年が経過しているため，叔母の特別受益の主張は，（相談者が任意で認めるのであれば別ですが）認められません（ただし，令和5年4月1日の施行日から5年以内であれば，経過措置の適用がありますので，叔母の主張は認められます。）。このため，法定相続分による分割が認められ，また，遺産分割手続を行わずに，いきなり共有物分割手続を行うことも可能です。

　なお，令和3年の民法改正は，「相続開始の時から10年を経過するまでに遺産分割しなければならない」という制限が設けられたわけではなく，「特別受益と寄与分の主張に，相続開始の時から10年の期限を設ける」というものです。遺産分割協議における特別受益と寄与分の主張に期限が設けられたことにより，その主張ができる権利者にとっては不利益を被ることも考えられますので注意を要します。

☕ Column | ラップ口座の課税関係

ラップ口座の現状等

　新しいNISA制度が始まり，投資信託や株式等へ家計資金が流入しているといわれています。

　証券会社や信託銀行（以下「証券会社等」といいます。）の金融サービスである投資一任口座（ラップ口座）についても，利用者・契約金額とも増加しています。ラップ口座とは，顧客が自分で判断して取引を行う一般的な投資と異なり，大まかな運用スタイルを選択し，証券会社等と契約を結んだ上で資金運用を一任し，証券会社等がその資金を元手に選択された運用スタイルにより株式等を売買するサービスのことをいいます。

　従来は富裕層向けであったところ，近年最低預入額が引き下げられ，さらには売買をシステムに任せる「ロボラップ」を含め，利用者数の増加につながっています。2024年6月末時点のラップ口座の契約件数は，169万6,538件，契約金額は20兆1,189億円となっています（一般社団法人日本投資顧問業協会　統計資料　2024年6月末「4．ラップ業務(3)契約規模別分布状況」）。

問題の所在

　ラップ口座は，顧客（被相続人）と証券会社等との投資一任契約であり，その約款では顧客は他者（相続人も含みます。）にラップ口座を引き継ぐことはできないとされています。

　なお，①証券会社等では相続人等からラップ口座契約者が亡くなった旨の連絡があるまで，又は，②相続人から遺産分割協議書などの一定の書類の提出があるまでは，ラップ口座内の株式等の売買が行われている状況にあります。

　この場合，相続開始日現在のラップ口座の相続税評価額はいくらなのか，また，相続開始後のラップ口座内での株式の売買の所得は誰に帰属するのか，相続人であるとした場合には取得費加算が適用できるのかなどの疑問が生じるところです。

ラップ口座の相続税評価額

　ラップ口座の相続開始日現在の評価額は，相続開始日現在の残高証明書の額となります。

　証券会社等によっては，相続開始日現在の残高証明書に，①ラップ口座内の株式等の銘柄，株数，評価額を明示しているものがある一方，②ラップ口座は被相続人から相続人に引き継ぐことはできないことから，ラップ口座内の評価額を現金で示しているものもあります。

　ただ，いずれの場合であっても，ラップ口座の相続財産の評価額としては，相続開始日現在の残高証明書の額によるものと考えられます。

所得税法上の取扱い

① 所得区分

　ラップ口座の株取引は，所有期間1年以下の上場株式の売買を行うものであり，また，顧客が報酬を支払って，有価証券の投資判断とその執行を証券会社等に一任し，契約期間中に営利を目的として継続的に上場株式の売買を行っていると認められますので，その株式の譲渡による所得は，事業所得又は雑所得に当たるものとして取り扱われています（国税庁質疑応答事例「投資一任口座（ラップ口座）における株取引の所得区分」）。

② 所得の帰属者

　ラップ口座は被相続人から相続人に引き継ぐことはできないとされています。しかし，現実には，証券会社等において被相続人が亡くなった旨の連絡を受けるのは，一定期間が経過した後となり，相続開始後にラップ口座内で株式の売買による所得が発生しています。その場合，その所得は被相続人に帰属するのか，相続人に帰属するのか悩ましいところです。また，その取扱いは，次の表のとおり，証券会社等によっても異なっています。

③ 相続人が所得者となる場合の相続税額の取得費加算の特例

　次の表のB社のように被相続人から相続人にラップ口座が引き継がれて，相続人がそのラップ口座内の株式等を売却した場合，相続財産を譲渡した場合の譲渡所得の取得費加算の特例（措法39）が適用できるか否かについて，ラップ口座の株取引は事業所得又は雑所得である（前記①参照）ものの取得費加算の特例は適用できるとの見解はあります（税務通信3821号52

頁)。

④　国外転出時課税

　1億円以上の有価証券を有している被相続人の相続開始によって，非居住者が有価証券等を取得した場合，被相続人が相続開始時に時価で有価証券等を売却したものとみなして，譲渡所得税の課税対象とされます（前記**59**参照）。相続人が取得者と解される場合には，ラップ口座が国外転出時課税の対象となることも考えられます。

【主な証券会社等における相続人への説明】

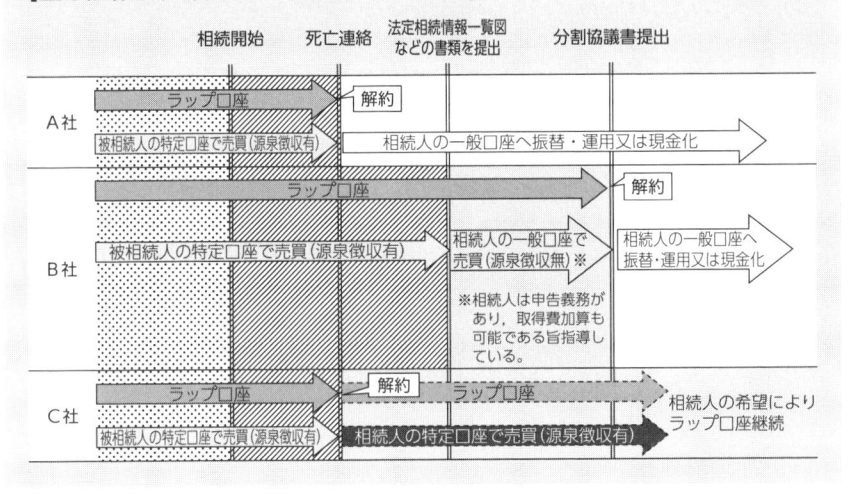

第 13 章

税務調査対応

66 弁護士業務と税理士業務

Q 私は弁護士です。数年前に遺産分割協議について相談を受けた相続人から，税務署に相続税の調査に入られたとの連絡がありました。

A 弁護士及び一定の弁護士法人は，所属弁護士会を通じて，国税局長に通知することにより，その国税局の管轄区域内において，随時，税理士業務を行うことができることとされています。

解説··

税理士の業務は，税務代理，税務書類の作成及び税務相談とされています（税理士法2①）。そして，この税務代理，税務書類の作成，税務相談の業務は，有償，無償を問わず，税理士でなければできません。

(1) 税務代理

税務代理とは，税務署に対する租税に関する法令若しくは行政不服審査法の規定に基づく申告，申請，請求若しくは不服申立て（以下「申告等」といいます。）につき，又はその申告等若しくは税務署の調査若しくは処分に関し税務署に対してする主張若しくは陳述につき，代理し，又は代行することをいいます。「代理」とは，代理人の権限内において依頼人のためにすることを示して上記事項を行うことをいい，「代行」には，事実の解明，陳述等の事実行為を含むものとされています（税理士法基本通達[1]2-4）。

1 　平成14年3月26日付国税庁「税理士法基本通達の制定について（法令解釈通達）」

(2)　税務書類の作成

　税務書類の作成とは，税務署に対する申告等に係る申告書，申請書，請求書，不服申立書その他租税に関する法令の規定に基づき作成し，かつ，税務署に提出する書類を作成することをいいます。「作成する」とは，上記書類を自己の判断に基づいて作成することをいい，単なる代書は含まれないものとされています（税理士法基本通達2－5）。

　相続税や所得税などの申告手続において，税理士が各種申告書類の作成に関与する割合は次の表のとおりで，令和5年度の相続税申告は86.3％であり，所得税と比べ高い割合になっています。これは，相続財産が高額になるほど相続税額が大きくなるため，自身で申告手続を行った結果，相続財産の評価や関係法令や通達の適用誤りを税務当局から指摘され，多額の追徴課税を受けるリスクに備える，また，二次相続と併せて最も節税となる相続税申告の方法のシミュレーションを行い二次相続に備えるなどの理由が考えられます。

【税理士関与の割合】　　　　　　　　　　　　　　　　　　　（単位：％）

年　度	令和元年度	令和2年度	令和3年度	令和4年度	令和5年度
相続税	85.7	86.1	86.1	85.9	86.3
所得税	20.6	21.1	21.0	20.4	20.4
法人税	89.3	89.4	89.5	89.5	89.8

（出所）　財務省「令和5事務年度国税庁実績評価書」（令和6年10月）

(3)　税務相談

　税務相談とは，税務署に対する申告等，税務代理における主張若しくは陳述又は申告書等の作成に関し，租税の課税標準等の計算に関する事項について相談に応ずることをいいます。「相談に応ずる」とは，上記事項について，具体的な質問に対して答弁し，指示し又は意見を表明することをいうものとされています（税理士法基本通達2－6）。

⑷　弁護士の税理士業務

　弁護士の職務については，当事者その他関係人の依頼又は官公署の委嘱によって，訴訟事件，非訟事件及び審査請求，再調査の請求，再審査請求等行政庁に対する不服申立事件に関する行為その他一般の法律事務を行うこととされています（弁護士法3①）。弁護士は，当然，弁理士及び税理士の事務を行うことができるとされています（同②）が，所属弁護士会を通じて，国税局長に通知することにより，その国税局の管轄区域内において，随時，税理士業務を行うことができるとされています（税理士法51）。

　このような通知を行った弁護士は，通知弁護士ないし通知税理士と呼ばれます。令和4年度において，通知弁護士制度によって税理士業務を行っている弁護士数は7,494人となっています。

　また，弁護士は税理士となる資格を有すると規定されています（税理士法3①）から，税理士試験合格者と同様に税理士会に登録を行い税理士としての業務をすることができます（税理士法18以下）。令和4年度において，税理士登録を行っている弁護士数は718人です。この場合，税理士会に入会するための入会金と毎月の会費を支払わなくてはなりません。

【複数の資格登録を行っている弁護士】　　　　　　　　　　　　　（単位：人）

年　　度	平成30年度	令和元年度	令和2年度	令和3年度	令和4年度
通知弁護士制度によって税理士業務を行っている弁護士	5,685	6,076	6,442	6,937	7,494
税理士登録を行っている弁護士	662	685	698	703	718

（出所）　日本弁護士連合会『弁護士白書』

⑸　非弁護士の法律事務の取扱い等の禁止

　他方で，弁護士又は弁護士法人でない者は，報酬を得る目的で訴訟事件，非訟事件及び審査請求，再調査の請求，再審査請求等行政庁に対する不服申立事

件その他一般の法律事件に関して鑑定，代理，仲裁若しくは和解その他の法律
事務を取り扱い，又はこれらの周旋をすることを業とすることができないとさ
れています（弁護士法72）。

遺産分割協議書の作成のための相談及び作成，遺留分侵害額請求における他
の相続人との交渉の相談及び交渉代理並びに遺産分割調停や審判における相談
及び代理などの業務は，税理士業務には含まれません。

このため，税理士はこれらの業務を行うことはできません。

(6)　弁護士及び税理士登録者数の推移

令和4年度の弁護士の登録者数は44,916人，税理士の登録者数は80,692人で
あり，約3.5対6.5の割合となっています。

【弁護士及び税理士登録者数の推移】　　　　　　　　　　　　　　（単位：人）

年　　度	平成30年度	令和元年度	令和2年度	令和3年度	令和4年度
弁護士	41,118	42,164	43,206	44,101	44,916
税理士	78,028	78,795	79,404	80,163	80,692

（出所）　日本弁護士連合会『弁護士白書』，財務省「令和4事務年度国税庁実績評価書」（令
　　　　和5年10月）

(7)　本事例の対応

税理士業務を行うためには，所属弁護士会を通じて，相続税の申告書を提出
した被相続人の住所地の所轄国税局長に対し，税理士業務開始通知を行います
（税理士法51）。この通知等の提出がないことを理由に，弁護士が依頼者と税務
当局との納付協議に同席することを認めないとする措置を税務署の職員が行っ
たことは違法ではないとして，原判決中の税務当局の敗訴部分を取り消した裁
判例2があり，一定の手続を踏まないと，税務署の調査担当者は弁護士の立会
いを認めません。

2　大阪高判平成24年3月8日（訟月59巻6号1733頁）

67 税務当局への対応

Q このたび，税務調査に入られた相続人と税務調査の対応に関する委任契約を結び，所属弁護士会を通じて，所轄国税局長に税理士業務開始通知を行いました。

A 税務調査を受けるに当たっては，相続税の税務調査の実施状況や資料収集の状況等について概観するとともに，税務調査の事前通知から終了までの手続についても理解しておくとよいでしょう。

解説 ………………………………………………………………………………………

相続税の納付すべき税額は，所得税や法人税などと同様，申告納税方式を採用しており，納税者の行う申告により確定することを原則としています。そして，その申告がない場合又はその申告に係る税額の計算が法令の規定に従っていなかった場合その他その税額が税務署長の調査したところと異なる場合は，税務署長は課税処分を行います。

(1) 相続税の調査状況等

相続税の実地調査は，資料情報等から申告額が過少であると想定される事案や，申告義務があるにもかかわらず無申告であると想定される事案等について行われます。特に，無申告事案は，申告納税制度の下で自発的に適正な申告・納税を行っている納税者の税に対する公平感を著しく損なうものであるとの観点から，資料情報の収集・活用など無申告事案の把握のための取組みが積極的に行われ，的確な課税処理が図られています。

令和5年度の実地調査の1件当たりの申告漏れ課税価格は3,208万円，1件当たりの追徴税額は859万円となっています。また，無申告事案の1件当たり

の追徴税額は1,787万円であり，前年対比114％となっています。

【相続税の1件当たり申告漏れ課税価格及び追徴税額】 （単位：万円）

事務年度	令和元年度	令和2年度	令和3年度	令和4年度	令和5年度
課税価格	2,866	3,496	3,530	3,209	3,208
追徴税額	641	943	886	816	859

（出所）　財務省「令和5事務年度国税庁実績評価書」（令和6年10月）

【相続税の無申告事案1件当たり追徴税額】 （単位：万円）

事務年度	令和元年度	令和2年度	令和3年度	令和4年度	令和5年度
追徴税額	897	1,321	1,293	1,570	1,787

（出所）　財務省「令和5事務年度国税庁実績評価書」（令和6年10月）

(2)　CRS情報の収集状況等

　税務当局は，納税者の資産運用の国際化に対応し相続税の適正な課税を実現するため，CRS情報[3]をはじめとした租税条約等に基づく情報交換制度などを効果的に活用し，海外取引や海外資産の保有状況の把握に努めています。

　特に，富裕層については，多様化・国際化する資産運用から生じる運用益に対して適正に課税するとともに，将来の相続税の適正課税に向けて情報の蓄積を図っています。

【CRS（共通報告基準）に基づく金融口座情報の交換件数】 （単位：国・地域，件）

事務年度		令和元年度	令和2年度	令和3年度	令和4年度	令和5年度
提供	国・地域数	65	70	77	78	80
	交換件数	473,699	650,558	651,794	532,037	510,782
受領	国・地域数	86	87	94	95	93
	交換件数	2,058,777	1,906,896	2,500,664	2,526,181	2,455,288

（出所）　財務省「令和5事務年度国税庁実績評価書」（令和6年10月）

3　共通報告基準に基づく非居住者金融口座情報をいいます。

⑶ 書面添付の割合

　税理士法に定められている書面添付制度は，申告書の作成に関して計算等した事項や相談に応じた事項を記載した書面（以下「添付書面」といいます。）を税理士等が申告書に添付することができるというものです（税理士法33の2①）。その効果として，税務当局が，添付書面が添付されている申告書に係る納税者に対して，あらかじめ日時，場所を通知して税務調査を実施しようとする場合には，その通知前に，税務代理をする税理士等に対して，添付書面の記載事項に関する意見陳述の機会を与えなければならないこととされています（税理士法35①）。

　各税目ともに添付割合は上昇しています。

【税理士法33条の2に規定する書面の添付割合】　　　　　　　（単位：％）

事務年度	令和元年度	令和2年度	令和3年度	令和4年度	令和5年度
相続税	21.5	22.2	23.1	23.4	24.3
所得税	1.4	1.4	1.5	1.5	1.5
法人税	9.7	9.8	9.8	10.0	10.0

（出所）　財務省「令和5事務年度国税庁実績評価書」（令和6年10月）

⑷ 税務調査の事前通知と加算税

　税務当局が税務代理人に対して行う調査通知及び加算税について，次のように取り扱っています。

① 税務調査の事前通知

　納税義務者に税務代理人がある場合，その税務代理人が提出した税務代理権限証書に，その納税義務者への事前通知はその税務代理人に対して行われることについて同意する旨の記載があるときは，その納税義務者への調査通知，都合の聴取及び事前通知は，その税務代理人に対して行えば足りることになります。また，納税義務者に対して事前通知を行う場合であっても，納税義務者から，事前通知の詳細は税務代理人を通じて通知して差し支えない旨の申立てが

あったときは，納税義務者には調査通知のみを行い，その他の事前通知事項は税務代理人を通じて通知することとして差し支えないとされています（手続通達[4]8－1）。

② 調査通知後の加算税

修正申告書（期限後申告に係るものを除きます。）が，調査通知以後に提出され，かつ，その提出が調査による更正を予知してされたものでない場合には，その申告に基づいて納付すべき税額に5％（期限内申告税額と50万円のいずれか多い額を超える部分は10％）の割合を乗じて計算した金額に相当する過少申告加算税が課税されます（通法65①②）。また，期限後申告書（その修正申告書を含みます。）についても，調査通知以後に提出され，かつ，その提出が調査による更正又は決定を予知してされたものでない場合には，その申告に基づいて納付すべき税額に10％（50万円を超える部分は15％）の割合を乗じて計算した金額に相当する無申告加算税が課税されます（通法66①②）。

(5) 税務調査の結果の通知

税務当局は，税務調査の結果に応じて，「更正決定等をすべきと認められない旨の通知」か「更正決定等をすべきと認められる場合における調査結果の内容の説明等」を行います。

① 更正決定等をすべきと認められない旨の通知

実地の調査を行った結果，更正決定等をすべきと認められない場合は，税務署長は，更正決定等をすべきと認められない旨を書面により通知します（通法74の11①）。

② 更正決定等をすべきと認められる場合における調査結果の内容の説明等

実地の調査を行った結果，更正決定等をすべきと認められる場合には，調査担当者は，その調査結果の内容を納税義務者に説明します（通法74の11②）。また，調査結果の内容を説明する際，その調査担当者は納税義務者に対し修正申告又は期限後申告を勧奨します（通法74の11③）。なお，調査の結果に関し

---

4 平成24年9月12日付国税庁「国税通則法第7章の2（国税の調査）等関係通達の制定について（法令解釈通達）」

納税義務者が納税申告書を提出した場合には不服申立てをすることはできませんが，更正の請求をすることはできる旨を説明するとともに，その旨を記載した書類を交付しなければならないこととされています（通法74の11③）。

⑹　本事例の対応

国税局長から「税理士業務開始通知受領書」が届いたら，被相続人の住所地の所轄税務署長宛に，「税務代理権限証書」を提出した上で，税務署の調査担当者とやりとりを開始します（税理士法30）。

調査担当者は，事前通知の際（事前通知を行わない無予告調査の場合には調査開始時）に，どなたの相続の相続税についての調査であるかを明らかにします。

そして，調査担当者は，その相続税の調査に必要な範囲で質問し，帳簿書類等の物件を検査し，又は，その提示若しくは提出を求めることができます（通法74の3①）。また，調査担当者は，その他の税目や他の相続税に関して質問検査を行うことはできないのが原則ですが，別の税目や他の相続税申告についても非違の疑いが生じた場合には，その調査を行うことを明らかにした上で，調査対象に含めることができます（通法74の9④）。

調査担当者から，税務調査の結果の通知を受け，修正申告の勧奨があった場合，税務署の指摘に従い修正申告書を提出するか，その説明に納得がいかない場合には更正処分又は決定を受けた上で，不服申立てを行います（後記**70**参照）。

⑺　相続人間の意思統一が図られない場合

相続人間で争いがあるなどのため，相続人のうちの1人から税務調査への対応を受任したものの他の相続人と共同歩調をとれないときは，残る相続人は，他の弁護士や税理士と委任契約を結ぶケースや，専門家に頼らず自身で対応を行おうとするケースが想定されます。

このような場合には，委任契約を結んだ相続人の意向を十分に聴取した上，税務署の調査担当者から他の相続人の主張状況の提供を受けるなどして，調査の早期終結に向けた対応も必要と思料します。

68　名義財産が把握された場合

> **Q**　相続税の申告後，税務調査に入られ，相続人である私名義の預金が被相続人である父の相続財産であると指摘されました。

A　相続税の申告において，相続財産として計上していなかった被相続人の相続財産が見つかった場合，その相続財産が被相続人に帰属するものであれば，名義にかかわらず修正申告をしなければなりません。

解説

相続税の申告後，被相続人の預金や株式など新たな財産が見つかった場合，相続開始の時における預貯金の残高などを相続財産に加え修正申告を行わなければなりません。

(1)　申告漏れ相続財産の状況等

税務調査における申告漏れ相続財産に占める現金・預貯金及び有価証券の割合は，43.4％（令和4事務年度）であり，大きな割合を占めています。これらの中には，被相続人の自宅の金庫から多額の現金や株式が把握されるケースや銀行の貸金庫から金地金が把握されるケースのほか，被相続人名義の預貯金や相続人名義などの名義財産が把握されるケースも多分に含まれていると思料します。また，被相続人名義の預貯金口座から出金された現金が相続人名義の預貯金として蓄財されていた場合も相続財産と認定される可能性があります。

(2)　申告漏れ財産の帰属

このように税務調査において把握された財産については，その名義等にかかわらず実質的に誰に帰属するのか特定されることとなります。

① 把握された財産が被相続人名義の場合

　税務調査において，被相続人名義の申告漏れ財産が把握された場合，その財産の原資及び形成された経緯，申告漏れに至った原因などについて質問調査が行われます。そして，申告漏れ財産について隠蔽行為がないと判断されれば，通常，修正申告の勧奨が行われ，過少申告加算税の賦課決定が行われます。

② 把握された財産が相続人名義の場合

　相続人に帰属する預金か，被相続人に帰属する預金かについて，先鋭に争われることになります。

　預金の帰属の認定においては，原資が非常に重要な要素であることから，相続人の申告状況や職歴等に照らし，相続人がその資産を形成するに足りる十分な資力があったか否か，それがないにもかかわらず，多額の相続人名義の財産がある場合には，質問調査等により，その財産の原資の確認が行われます。

　その財産が被相続人から相続人名義の財産に移動していることの確認が行われた場合は，その移転の事由について判断されます（単なる名義財産か，贈与によるものか，借入金の返済など他の法律行為に基づくものか等）。

　被相続人から相続人に贈与されたものである旨主張する事例は多いようですが，その際には，贈与契約書の有無，預貯金口座の開設者，通帳・印鑑の管理状況，相続人による費消・運用，贈与税申告の有無などの事情等を考慮して判断されます。贈与とは認められなかった事例も多く[5]，それなりに難易度は高いものと考えられます。

　なお，名義預金が被相続人に帰属すると認定された場合，把握された名義預金については，被相続人の遺産となりますので，遺産分割の問題が生じます。

(3)　名義財産が争点となった事例

① 名義財産が被相続人に帰属するとされた事例

　相続人が相続税の申告を行ったところ，税務署から，被相続人の妻名義の預

5　東京地判平成20年10月17日（税資258号順号11053），東京高判平成21年4月16日（税資259号順号11182）控訴棄却（確定），大阪地判平成23年12月16日（税資261号順号11836），大阪高判平成25年2月19日（税資263号順号12150）控訴棄却（確定），大阪地判平成27年3月13日（税資265号順号12626），大阪高判平成27年11月27日（税資265号順号12762）控訴棄却（確定）等

金（本件預金）について，本件預金は「被相続人の財産」であるなどとして相続税の更正処分及び過少申告加算税の賦課決定処分を受けたため，相続人がその処分の取消しを求めて争った事例で，東京地裁は次のように判示し，相続人の主張を認めませんでした（前記**11**参照）[6]。

> ある財産が被相続人以外の者の名義となっていたとしても，当該財産が相続開始時において被相続人に帰属するものであったと認められるものであれば，当該財産は，相続税の課税の対象となる財産となる。
> そして，被相続人以外の者の名義である財産が相続開始時において被相続人に帰属するものであったか否かは，当該財産又はその購入原資の出捐者，当該財産の管理及び運用の状況，当該財産から生ずる利益の帰属者，被相続人と当該財産の名義人並びに当該財産の管理及び運用をする者との関係，当該財産の名義人がその名義を有することになった経緯等を総合考慮して判断するのが相当である。

② 被相続人の家族名義の預貯金等は被相続人に帰属する相続財産とは認められないとした事例

本事例は，税務署が，相続人の家族名義の預貯金等については相続財産であり，これを申告しなかったことは事実の隠蔽又は仮装行為に当たるとして，相続税の各更正処分及び重加算税の賦課決定処分を行ったのに対し，相続人が，これらの処分の取消しを求めた事例で，審査請求において，相続人の主張が認められました[7]。

> 原処分庁は，請求人ら及びその家族の名義の預貯金等（本件預貯金等）について，請求人らの申述及び代理人から提出された本件預貯金等に関する金額の移動状況等を記載した資料に基づき，その管理・運用状況，原資となった金員の出捐者及び贈与の事実等を総合的に勘案すると被相続人の相続財産に該当する旨主張する。
> しかしながら，原処分庁は，本件預貯金等の使用印鑑の状況や保管場所などの管理状況について何ら具体的に主張立証を行わず，また，その出捐者についても，相続開始日前３年間の被相続人の収入が多額であることなどを挙げるのみで，具体的な出捐の状況について何ら主張立証を行わない。そして，当審判所の調査の

6　東京地判平成20年10月17日（税資258号順号11053）。控訴審も棄却（東京高判平成21年４月16日（税資259号順号11182）控訴棄却（確定））。
7　平成25年12月10日裁決（裁集93集299頁）

結果によっても，被相続人，請求人ら及びその家族の名義で取引先の金融機関に提出された印鑑届等の筆跡並びに印影から，本件預貯金等は各名義人が管理・運用していたと推認されるものの，本件預貯金等の出捐者については，誰であるか認定することはできず，また，被相続人から請求人らに対する贈与の事実の有無については，贈与がなかったと認めるには至らなかった。したがって，本件預貯金等の管理・運用の状況，原資となった金員の出捐者及び贈与の事実の有無等を総合的に勘案しても，本件預貯金等がいずれに帰属するのかが明らかでなく，ひいては，本件預貯金等が被相続人に帰属する，すなわち，相続財産に該当すると認めることはできない。

⑷ 相続人名義の預貯金が被相続人から贈与により取得したものであった場合

相続人名義の預貯金の原資が被相続人の預貯金であると認定された場合，贈与税の時効は贈与が行われた年に係る申告期限から原則 6 年[8]であることから，税務調査の段階で 6 年が経過していなければ，贈与税の申告を行わなければなりません（後記**69**⑶参照）。申告期限を過ぎていますから，期限後申告となり，本税のほか無申告加算税及び延滞税が課税されることとなります。

この場合，相続開始前 7 年[9]以内に贈与によって取得した財産があるときについては，その財産の贈与時の取得価額を相続財産に加算し，その加算された贈与財産に対応する贈与税額は加算された人の相続税の計算上控除しますが，加算税及び延滞税は控除できません。

⑸ 本事例の場合

税務調査で指摘された相続人名義の預金の帰属について，事実関係を最もよく知っているのは相続人自身です。まずは，相続人にその預金口座の開設された経緯，原資，資金の移動状況，預金口座の保管状況，贈与契約の有無などを確認します。そして，相続人に帰属すると判断できたなら，収集した証拠を整理した上，税務署との交渉に臨みます。

8　贈与があったことにつき偽りその他不正の行為があった場合は 7 年となります（通法70⑤）。
9　令和 5 年度税制改正において 3 年から 7 年に延長されました（前記**60**参照）。

69　隠蔽・仮装行為

Q　税務調査において指摘された申告漏れ財産について，隠蔽行為に当たるとして重加算税の対象になると指摘されました。

A　税務調査において，申告漏れ財産等が隠蔽・仮装行為と認定された場合には，過少申告加算税に代えて高い税率の重加算税が課税される可能性があります。また，更正・決定に係る期間制限が最長7年間に延長されるほか，延滞税の除算期間の適用がありません。

解説　···

(1)　隠蔽・仮装行為とは

国税通則法68条1項又は2項に規定する「納税者がその国税の課税標準等又は税額等の計算の基礎となるべき事実の全部又は一部を隠蔽し，又は仮装し」とは，具体的には，次のような事実がある場合をいいます[10]。

> ①　相続人及び受遺者又は相続人から遺産（債務及び葬式費用を含みます。）の調査，申告等を任せられた者（以下「相続人等」といいます。）が，帳簿，決算書類，契約書，請求書，領収書その他財産に関する書類（以下「帳簿書類」といいます。）について改ざん，偽造，変造，虚偽の表示，破棄又は隠匿をしていること。
> ②　相続人等が，課税財産を隠匿し，架空の債務をつくり，又は事実をねつ造して課税財産の価額を圧縮していること。
> ③　相続人等が，取引先その他の関係者と通謀してそれらの者の帳簿書類について改ざん，偽造，変造，虚偽の表示，破棄又は隠匿を行わせていること。

10　平成12年7月3日付国税庁「相続税及び贈与税の重加算税の取扱いについて(事務運営指針)」

④　相続人等が，自ら虚偽の答弁を行い又は取引先その他の関係者をして虚偽の答弁を行わせていること及びその他の事実関係を総合的に判断して，相続人等が課税財産の存在を知りながらそれを申告していないことなどが合理的に推認し得ること。

⑤　相続人等が，その取得した課税財産について，例えば，被相続人の名義以外の名義，架空名義，無記名等であったこと若しくは遠隔地にあったこと又は架空の債務がつくられてあったこと等を認識し，その状態を利用して，これを課税財産として申告していないこと又は債務として申告していること。

(2)　重加算税の税率等

重加算税は，過少申告又は無申告の場合に，その納付すべき税額の基礎となる事実について，隠蔽・仮装行為があったときに，免れようとした税額の35％ないし40％の税率により課せられる附帯税です（加算税の概要は次ページの表参照）。

(3)　国税の更正・決定の期間制限

国税の更正・決定は，その更正・決定に係る国税の法定申告期限から５年を経過した日以後は行うことができないとされています（通法70①）。

なお，贈与税については，上記の規定にかかわらず，法定申告期限から６年を経過した日以後は行うことができないとされています（相法36）。

ただし，「偽りその他不正の行為」により税額を免れた場合は，７年を経過する日までできるとされています（通法70⑤）。この規定の趣旨につき，東京地裁平成27年２月24日判決[11]は，次のように判示しています（下線は筆者）。

「偽りその他不正の行為」による脱税事案については長い除斥期間を定め，課税の適正を図ることを意図したものである。このような同項の文理及び趣旨に鑑みれば，同項にいう「偽りその他不正の行為」とは，税額を免れる意図の下に，税の賦課徴収を不能又は著しく困難にするような何らかの偽計その他の工作を伴う不正な行為を行っているものをいうと解するのが相当であるが，「偽りその他不正の行為」は，その行為の態様が課税標準等又は税額等の計算の基礎となるべき事実

11　税資265号順号12607（東京高判平成27年８月５日（税資265号順号12707）控訴棄却（確定））

【加算税の概要】

加算税の種類	課税要件	課税割合	
		通常分	加重分
過少申告加算税（※1）	期限内申告について，修正申告・更正があった場合	10%	期限内申告税額と50万円のいずれか多い金額を超える部分 15%
無申告加算税（※1）（※2）	・期限後申告・決定があった場合 ・期限後申告・決定について，修正申告・更正があった場合	15%	50万円超300万円以下の部分 20% 300万円超の部分 30%
不納付加算税	源泉徴収等による国税について，法定納期限後に納付・納税の告知があった場合	10%	
重加算税（※2）	隠蔽・仮装があった場合	過少申告加算税・不納付加算税に代えて課す場合 35% 無申告加算税に代えて課す場合 40%	

（※1）　調査通知以後，更正・決定予知前にされた修正申告に基づく過少申告加算税の割合は5％（加重部分は10％），期限後申告等に基づく無申告加算税の割合は10％（50万円超300万円以下の部分は15％，300万円超の部分は25％）となる。
（※2）　過去5年内に，無申告加算税（更正・決定予知によるものに限る。）又は重加算税を課されたことがある場合は，10％が加算される。
（出所）　財務省ホームページ「納税環境整備に関する基本的な資料」より筆者一部加工

> の隠ぺい又は仮装という態様に限定されないことからすると，「隠ぺい」又は「仮装」（同法68条1項，2項）を包摂し，それよりも外延の広いものであると解される。

　つまり，更正・決定の期間制限を7年とする「偽りその他不正の行為」と重加算税の課税要件である「隠蔽し，又は仮装したこと」とは必ずしも符合するわけではなく，偽りその他不正の行為は隠蔽・仮装よりも外延の広いものと解されています。そのため，隠蔽・仮装行為がない場合であっても，偽りその他不正の行為があったと認定された場合は，7年間遡及して課税される可能性が

あります。

(4) 除算期間

　税金が定められた期限までに納付されない場合には，原則として法定納期限の翌日から納付する日までの日数に応じて，利息に相当する延滞税が課されます。そして，偽りその他不正の行為により国税を免れた場合等を除き，一定の期間を延滞税の計算期間に含めない「除算期間」という特例が設けられています（通法35，60，61）。

(5) 本事例の対応

　申告漏れのあった財産について，隠蔽行為と指摘されたとのことですが，税務署は，重加算税の課税要件となる事実関係をどのような証拠に基づき認定したのか確認する必要があります。事実関係を誰よりもよく知っているのは，相続人たる納税者ですから，相続人の認識している事実関係と税務署の認定した事実関係とに相違がないか確認することが重要です。そして，相違があったならば，重加算税の賦課決定処分前に税務署に説明を尽くし理解してもらうことがポイントです。

　ひとたび，重加算税の賦課決定処分がなされると，再調査の請求や審査請求で争うこととなり，時間と労力を要します。同処分について争われた審査請求事案は多数公表されていますので，類似の事案を検討することも一法です。

(6) 査察制度

　不正の手段を使って故意に税を免れた人には，正当な税を課すほかに，反社会的な行為に対する責任を追及するため，懲役や罰金を科すことが税法に定められています（通法126〜127）。このような場合，任意調査だけではその実態が把握できないため，強制的権限をもって犯罪捜査に準ずる方法で調査（犯則調査）し，その結果に基づいて検察官に告発し公訴提起を求める「査察制度」があります。税務署の税務調査で多額の申告漏れが把握され，脱税の疑いがある場合には，国税局の査察部署が実施する査察事件の対象となる場合があります。

70 課税処分に不服があるとき

> **Q** 税務調査を受け税務署の指摘に従い修正申告書を提出したところ，重加算税の賦課決定通知書が届きました。また，その後，延滞税等のお知らせが届きました。

A 税務署長又は国税局長（以下「税務署長等」といいます。）が行った更正・決定などの課税処分，差押えなどの滞納処分等に対し不服があるときは，その処分を行った税務署長等に再調査の請求を行うか，国税不服審判所に審査請求を行うことができます。

　一方，納税義務の成立と同時に納付すべき税額が確定する国税（延滞税）については，不服申立てを行うことはできません。

解説 ....

(1)　再調査の請求の請求先等

　税務署長等が行った更正・決定などの課税処分や差押えなどの滞納処分に不服があるときは，審査請求の前段階として，処分の通知を受けた日の翌日から3か月以内に，税務署長等に対して「再調査の請求」を行うことができます。また，納税者の選択により，直接，国税不服審判所長に対して「審査請求」を行うこともできます（通法75①）。

(2)　審査請求の請求先等

　税務署長等が行った更正・決定などの課税処分や差押えなどの滞納処分に不服があるときは，処分の通知を受けた日の翌日から3か月以内に，国税不服審判所長に対して「審査請求」を行うことができます（通法77①）。また，再調

査の請求を行った場合であっても，再調査の請求についての決定を経た後の処分になお不服があるときは，再調査決定の通知を受けた日の翌日から1か月以内に審査請求を行うことができます（通法75③，77②）。

(3) 審査請求の請求件数等

令和5事務年度の審査請求の請求件数は3,917件で，新型コロナウイルス感染症の影響により調査件数の減少を受けて請求件数が減少した令和元年度から令和3年度を大きく上回っています。また，令和5事務年度における請求の認容割合は9.7％で，10人に1人の割合で納税者の主張が認容されたことになります。

【審査請求の処理件数等】　　　　　　　　　　　　　　　　　　　　　（単位：件，％）

会計年度	令和元年度	令和2年度	令和3年度	令和4年度	令和5年度
期首繰越件数	2,595	2,312	2,221	2,421	2,296
請求件数	2,563	2,237	2,482	3,034	3,917
処理件数	2,846	2,328	2,282	3,159	2,873
請求認容件数	375	233	297	225	279
請求認容割合	13.2	10.0	13.0	7.1	9.7
期末繰越件数	2,312	2,221	2,421	2,296	3,340

（出所）　財務省「令和5事務年度国税庁実績評価書」（令和6年10月）

(4) 審査請求の審理の範囲等

審査請求の審理の範囲は，納税者が主張する審査請求の理由に限らず，処分の当否を判断するために必要な範囲全般に及ぶことから，「処分（……）についての審査請求が理由がある場合」（行政不服審査法46①）とは，納税者が主張する個々の理由に限らず，納税者が主張していない理由も含めて，その処分が違法又は不当のいずれかである（同法1①参照）と審判所が認める場合を指します。

もっとも，「不当」とは裁量権の行使の当否を問題とするものですから，裁量性がある行為に限定されるところ，課税処分については合法性の原則（税務当局は，課税要件が充足されている限り，課税処分をしなければならない）に

より裁量性のない行為であるため，基本的に「不当」を理由に取り消されること
はないと考えられます。しかし，青色申告承認取消処分や徴収処分など，ごく
限られた例として国税不服審判所で不当を理由に取り消された先例があります。

　一例として，納税者の帳簿書類の備付け及び記録の不備の程度は甚だ軽微で
あり，申告納税に対する信頼性が損なわれているとまではいえないことから，
所得税法150条1項に基づく青色申告の承認の取消処分は，違法とはいえない
ものの不当な処分と評価せざるを得ないとして，青色申告の承認の取消処分を
取り消した事例があります[12]。

(5) 審査請求の処理期間

　審査請求は，適正かつ迅速な事件処理を通じて納税者の正当な権利利益の救
済を図る趣旨から，審査請求書が国税不服審判所に到達してから裁決をするま
でに要すべき標準的な期間を1年としており，令和5事務年度の1年以内の処
理割合は99.1％となっています。

【審査請求の1年以内の処理割合】　　　　　　　　　　　　　　（単位：％）

会計年度	令和元年度	令和2年度	令和3年度	令和4年度	令和5年度
処理割合	98.0	83.5	92.6	95.4	99.1

（出所）　財務省「令和5事務年度国税庁実績評価書」（令和6年10月）

(6) 代理人の選任

　審査請求を行うに当たり，代理人の資格については，特段の制限はありませ
ん。そのため，審査請求を行おうとする納税者は，税理士，弁護士に限らず，
適当と認める者を代理人に選任することができます。

(7) 納税義務の成立と同時に納付すべき税額が確定する国税

　納税義務の成立と同時に特別の手続を要しないで納付すべき税額が確定する

12　平成22年12月1日裁決（裁集81集339頁）

国税（自動確定による国税。通法15①③）には次のものがあり，これらの国税は税務署長等の課税処分や徴収処分ではありませんので，不服申立ての対象となりません。

①	予定納税
②	源泉徴収等による国税
③	自動車重量税
④	国際観光旅客税
⑤	印紙税
⑥	登録免許税
⑦	延滞税及び利子税

(8) 訴 訟

国税不服審判所長の判断になお不服がある場合には，裁判所に訴えを提起することができます。この訴えの提起は，原則として裁決書謄本の送達を受けた日の翌日から6か月以内に行う必要があります。

令和5事務年度の訴訟の発生件数は189件で，審査請求で棄却された件数の7％程度となっています。また，令和5事務年度における原告勝訴割合は7.6％で，13人に1人の割合で納税者が勝訴したことになります。

【訴訟の終結件数等】 （単位：件，％）

会計年度	令和元年度	令和2年度	令和3年度	令和4年度	令和5年度
期首係属件数	203	210	195	185	172
発生件数	223	165	189	173	189
終結件数	216	180	199	186	172
原告勝訴件数	21	14	13	10	13
原告勝訴割合	9.7	7.8	6.5	5.4	7.6
期末係属件数	210	195	185	172	189

（出所）　財務省「令和5事務年度国税庁実績評価書」（令和6年10月）

(9)　本事例の対応

　本事例は，重加算税の賦課決定通知書が届いたということですので，まずは，不服申立ての期限を確認します。不服申立ての期間は上記(1)及び(2)のとおりですが，不服申立期間内に不服申立てをすることが不可能と認められるような客観的な事情がある場合（具体的には，地震，台風，洪水，噴火などの天災に起因する場合や，火災，交通の途絶等の人為的障害に起因する場合等）には，その期間を経過しても不服申立てを行うことができるとされています（通法77①但書）。

　次に，理由附記の記載内容を確認し，記載された事実関係と実際の事実関係が相違していないか，記載された事実関係の評価が誤っていないか，認定された事実関係に基づく課税要件の適用が誤っていないかなど，税務調査の実施状況，質問応答記録書[13]への署名・押印，裁決事例，裁判例なども検討の上，審査請求を行うか否か判断します。

　なお，税務署長等に対し再調査の請求を行うか，国税不服審判所長に対し審査請求を行うかの判断に当たり，事実認定を争う場合は再調査の請求から，法令解釈を争う場合は審査請求からとの判断もあります。なお，税務署長等に対し再調査の請求を行った場合，税務署長等に原処分を行った際に不足している証拠を収集させる機会を与えることになるため，この点も考慮する必要があると思料します。

13　税務当局が，調査事案の課税処分において，その事案が審査請求事案や訴訟事案になった際に備え，課税処分の証拠の一つとして，事実関係を関係人に聴取し，その聴取内容について関係人から署名・押印を求めるなどして作成した行政文書のことをいいます。

索　引

■著者紹介

河合　厚（かわい　あつし）

税理士法人チェスター東京本店代表兼審査部部長　税理士
東京国際大学特任教授。国税庁出身で，税務大学校専門教育部主任教授，大阪国税不服審判所審理部長，税務署長を歴任。主な著書に，『精選Q&A相続税・贈与税全書』（共著，清文社），『DHCコンメンタール所得税法』（共著，第一法規）ほか。

西藏　仁司（にしくら　ひとし）

税理士法人チェスター財産コンサルティング部部長　税理士
大手信託銀行を経て現職。相続対策業務を担う。

樋口　高行（ひぐち　たかゆき）

税理士法人チェスター東京本店審査部専門職
辻・本郷税理士法人で相続事業承継・組織再編に従事した後，現職。非上場株式の評価に精通。主な著書に，『令和6年度版　パッとわかる！　相続税・贈与税コンパクトブック』（共著，第一法規），『あなたと大切な人のためのライフノート』（共著，清文社）。

平根　慶幸（ひらね　よしゆき）

税理士法人チェスター東京本店部長　税理士
大原簿記専門学校・相続税法講師，都内税理士法人を経て，2016年より現職。主に相続税申告業務を担う。主な著書に，『精選Q&A相続税・贈与税全書』（共著，清文社）。

前山　静夫（まえやま　しずお）

税理士法人チェスター東京本店審査部　税理士
国税出身で，関東信越国税不服審判所審判官，関東信越国税局国税訟務官室長，税務署長などを歴任し現職。相続税の生前相談のほか税理士会各支部等において実務セミナー講師として従事。主な著書に，『有利・不利の分岐点がわかる！　変わる生前贈与とタックスプランニング』（共著，ぎょうせい）ほか。

宮田　喜重（みやた　きじゅう）

税理士法人チェスター東京本店審査部　税理士
国税出身で，東京国税局及び名古屋国税局の資産税調査・審理部署を経て，2022年から現職。相続税申告内容の審査，個別相談，税務調査立会いを担当。主な著書に，『令和6年度版パッとわかる！　相続税・贈与税コンパクトブック』（共著，第一法規）。

山田　庸一（やまだ　よういち）

CST法律事務所パートナー　弁護士
遺産分割・会社法務・租税訴訟等を取り扱う。東京大学法学部卒業，1999年4月弁護士登録，元国税審判官（任期付公務員）。週刊税務通信「実務家が知っておくべき『最新未公表裁決』」（執筆者の一人）。

吉原　沙也（よしわら　さや）

税理士法人チェスター横浜事務所部長　税理士
相続税申告業務を担う。主な著書に，『海外財産・海外居住者をめぐる相続税の実務』（共著，清文社），『精選Q&A相続税・贈与税全書』（共著，清文社）ほか。

小林　寛朋（こばやし　ひろとも）

中澤君衣税理士事務所所属　税理士
主な著書に，『デジタル財産の税務Q&A』（共著，ぎょうせい），『有利・不利の分岐点がわかる！　変わる生前贈与とタックスプランニング』（共著，ぎょうせい），『令和6年度版パッとわかる！　相続税・贈与税コンパクトブック』（共著，第一法規）ほか。

Q&A弁護士のための相続税務70

2025年2月28日　第1版第1刷発行

編　者	税理士法人チェスター CST法律事務所
発行者	山　本　　　継
発行所	㈱中央経済社
発売元	㈱中央経済グループ パブリッシング

〒101-0051　東京都千代田区神田神保町1-35
電話　03 (3293) 3371 (編集代表)
　　　03 (3293) 3381 (営業代表)
https://www.chuokeizai.co.jp
印刷／三英グラフィック・アーツ㈱
製本／㈲井上製本所

© 2025
Printed in Japan